너의 별을 존중할게

너의 별을 존중할게

글·그림 초정 박규현

삶의 이정표가 되어 줄 말과 그림

지식인하우스

당신의 별은 무슨 색인가요?

살아가면서 겪는 풍파에 이리 흔들리고 저리 흔들리며 나이를 먹어 갑니다. 미성숙하고 불완전한 인간이지만, 그래서 타인이 필요하고 서로가 서로를 보완해 줄 수 있는 것이겠지요. 부디 자신을 관대하게 안아 줄 수 있기를 바랍니다.

당신은 어떤 사람입니까? 당신의 별은 무슨 색, 어떤 향기를 지니고 있나요? 우리 모두는 세상에 각자 다른 별로 존재하고 있기 때문에 아름답습니다. 그 누구도 내가 될 수 없고, 나도 타인이 될 수 없지요. 당신은 오직 유일한 '나'만이 가진 독특한 별입니다. 다른 것이 되려 하지 말고 먼저 자기 자신이 되기 위해 애써 봐요. 바쁜 일상 속에 혹여나 원래의 자신을 잊어 가고 있을지도 모르는 당신의 정신을 말끔히 깨우고 다시금 빛나게 돕고자 이 책을 썼습니다. 글과 그림이 가진 치유의 에너지가 당신 내면에 스며들기를 바랍니다.

무엇보다 먼저 자신의 마음을 다독여 주세요. 자신을 아끼고 사랑하며 나만의 색으로 반짝반짝 빛나는 별이 되는 거예요. 인생이란 행복하면서도 괴롭고, 격정적이면서 외롭습니다. 일생의 길을 걸으며 느낀 감정과 힘든 일을 극복하기 위해 노력하며 깨달은 것들을 썼습니다. 하루하루 바쁜 일상에 젖어 뭔가 중요한 것을 놓치고 살고 있다면 이 책이 그 공허함을 채워 줄 수 있을 것입니다. 별들은 다닥다닥 붙어 있기보다 거리를 두고 자신만의 궤도를 돌지요. 자신만의 길을 걷는 당신을 존중하며 멀리서 바라보겠습니다.

영혼을 보다 풍요롭게, 나를 비롯한 생명들을 더욱 사랑하도록 마음에 사랑의 씨앗을 심어 봅시다. 별처럼 아름답고 소중한 당신에게 이 책을 바칩니다. 단어 하나, 그림 하나가 좋은 파동을 일으키며 가슴에 닿기를. 당신의 삶을 밝혀 줄 영감을 부디 찾을 수 있기를 바랍니다.

드넓은 우주 속 수많은 별 중
가장 반짝이는 당신에게

초정 박규현

CONTENTS

너의 별을 존중할게

오늘, 별이 숨었다

첫 번째

나만의 궤도를 돌기 위한 거리 두기

인간은 약하지만 강하다

고통을 승화시켜 더욱 아름다워지는 사람들의 이야기를 들을 때가 있다. 그만큼 높은 경지에 이르기는 쉽지 않겠지만, 그들이 무척 존경스럽고 본받아야 할 삶의 자세라고 생각한다.

박환 화백은 30년간 화가로 활동해 왔다. 그러던 중, 목숨을 건진 것만 해도 다행이라 할 만큼 큰 교통사고를 당했다. 이 사고로 얼굴뼈가 산산조각 난 채 겨우 구조되었고 두 달 만에 간신히 의식을 회복하였다. 하지만 손상이 심했던 왼쪽 얼굴은 회복되지 않았다. 왼쪽 귀가 들리지 않고, 입이 잘 벌어지지 않았으며, 혀의 감각마저 없었다. 이 모든 것이 고통스럽고 힘든 일이었지만, 그래도 목숨을 건졌고 살아가는 데는 지장이 없었다.

다만, 그를 가장 힘겹게 만든 것은 양쪽 시력이 서서히 악화되어 가고 있다는 사실이었다. 제발 시신경만은 살려 달라고 빌고 또 빌었다. 화가가 시력을 잃는 것은 사형 선고와도 같은 일로 느껴졌기 때문이다. 애달픈 간청에도 불구하고 하늘은 무심하게도 두 눈마저 앗아갔고, 그는 결국 빛을 잃고 말았다. 눈으로 아무것도 구분할 수 없는 상태가 되고 시각 장애 1급 판정을 받자, 그는 칠흑 같은 어둠 속에 홀로 갇힌 것 같았다. 그 후 삶을 마감하고 모든 걸 포기해 버리고 싶다는 생각을 수도 없이 했다. 누군가에게 의지하지 않고는 살아갈 수 없는 자신의 모습이 괴로웠다. 사고 전 그는 스포츠를 활동적으로 즐겼고 화가로서의 삶도 승승장구하여 국제아트페어에도 참가하며 유럽 진출을 코앞에 두고 있던 상황이었다. 이 모든 것을 한순간에 잃었다는 상실감과 깜깜한 어둠 속에 홀로 남겨진 것이 두려워 몸이 떨리고 원통했다. 울부짖으며 눈이 다시 보이기를 빌고 또 빌며 애도와 받아들임의 시간을 보냈다.

어느 날 자신을 돌보던 여동생이 "그림을 다시 한번 그려 보는 게 어때?" 하고 권유하였다. 처음에는 "안 보이는데 뭘 어떻게 그리겠어. 그럼 네가 어디 한번 해 봐!"라며 화가 나서 소리를 버럭 질러 버렸다. 아무것도 보이지 않는 어둠 속에 머물러 있어야 한다는 것이 너무나 슬프고 외로웠다. 자신에게 이런 일이 닥칠 줄은 상상도 못 했다. 눈이 보이던 시간이 얼마나 감사한 일이었던가를 잃고 나서야 깨닫게 되었다.

그런데 며칠이 지나도록 이상하게 여동생의 제안이 계속 머릿속에 맴돌았다. 가만히 생각해 보니 왠지 그림을 그릴 수 있겠다는 자신감이 내면에서 느껴졌다. 방법이 없을까 고민하던 끝에 색다른 방식을 떠올렸다. 연필 대신 실을 캔버스 위에 붙여 스케치하는 것이다. 이 아이디어로 그는 기적적으로 다시 그림을 그릴 수 있었다. 실로 스케치를 하면 촉감으로 선을 느끼며 머릿속으로 그림을 상상할 수 있었다. 스케치 후에는 그림의 구도와 물감 위치를 기억하고, 촉감으로 물감의 농도를 느끼며 색을 만들어 실과 실 사이를 채워 가는 방식으로 그림을 그렸다. 가끔은 엉뚱한 색을 칠해 버려 작품이 엉망이 되기도 하였다. 제대로 된 작품을 완성해 내기까지는 시행착오가 많았다. 그러나 심혈을 기울여 작품을 완성한 후 주변 사람들이 그림을 알아봐 주고 그림을 통해 즐거움을 느끼는 것을 보며, 박환 화백의 내면에 행복이 차오르기 시작했다. 그림을 그리는 것이 세상에서 가장 행복하기 때문에 다시 화가로 살기로 결심했다.

박환 화백은 사고 이후 6년간 쉼 없이 작품 활동을 해 오며 전시회도 두 번 개최하였다. 모두 온정의 손길들 덕분이었다. 그의 사연을 들은 사람들이 전시회를 제안하고 작품을 운반하고 설치하는 모든 준비 과정을 도와주었다. 그는 생각지도 못한 연락들을 받으며 관심을 가져 주는 마음이 참 감사하다고 말한다. 먼 지역에서도 그의 전시를 보러 오는 분들이 있는데, 박환 화백의 그림을 본 후 '삶에 희망을 갖게 된다. 정말 고맙다. 그림을 보고 커다란 용기를 얻었다.'라는 표현을 많이 해 준다고 하였다. 사람들의 관심과 손길, 또 따뜻한 마음에 그는 예전보다 훨씬 타인에 대한 감사가 커졌다고 한다. 처음에는 누구를 위로하기 위해 그림을 그린 것이 아니었는데, 누군가가 자신의 그림을 통해 위로를 받고 사람들의 마음을 다독여 줄 수 있다는 사실이 너무나 감사하고 행복하다고 한다.

그는 사고 후 많은 것을 극복했지만 실은 여전히 매일 어려운 일에 직면하는 삶을 살아가고 있다. 그저 견디며 자신과의 싸움을 하고 있는 것이다. 특히 작품을 그리는 과정을 전혀 볼 수 없기에 표현이 잘되었는지 못되었는지 알 수 없어 답답함을 많이 느낀다. 더 나은 작품을 만들어 내고 싶은 예술적 아쉬움에 늘 갈증을 느낀다. 그러나 그는 힘이 든다 해도 포기하지 않을 것이고 평생 화가로 살다 죽고 싶다고 말한다. 화가로 살 때 가장 행복하고 삶의 이유를 선명하게 알 수 있기 때문이다. 그는 화가로서 사람들과 소통할 수 있는 것에 감사한다. 이제 그는 용기를 얻어 세상 밖으로 걸어갈 수 있는 사람이 되었다. 이제는 혼자 운동도 하고 있다. 아파트 비상계단에서

난간을 잡고 계단을 오르내리며 땀범벅이 될 때까지 운동을 한다. 혼자 힘으로 무언가 해낼 수 있는 방법을 생각해 내고 실천하는 그의 모습이 멋지다.

사고 이전의 작품과 현재의 작품을 비교해 보면 분위기가 많이 달라졌다. 박환 화백은 과거에 색채가 어두운 그림을 주로 그리며 표현력을 강조하던 화가였다. 소외된 것, 사라지는 것들을 많이 그렸다. 그러나 사고 이후에 그가 그리는 그림은 주로 밝은 봄의 경치이다. 색채가 찬란하게 밝고 화사하여 보는 이의 가슴을 따뜻하게 만들어 준다. 그는 우리나라의 아름다운 풍경을 그리고 싶어하며 그중에서도 특히 봄의 풍경을 좋아하는데, 이는 시작이자 희망을 상징하기 때문이라고 말한다. 의도하지 않았는데도 자꾸 밝은 색깔에 끌리며 그리고 싶어진다는 게 스스로도 신기하다고 말한다. 아마도 겨울이 지나가면 결국 봄이 온다는 것을 보여 주고 싶은 그의 깊은 심정이 담겨 있는 듯하다. 온 마음을 다해 희망을 그려 내는 그의 그림 작업은 참 아름답고 숭고하다.

"인생을 살아가다 보면 예기치 못한 일을 당하기도 합니다. 어떤 일이 생길지 앞날을 알 수 없죠. 하지만 원치 않던 힘든 일을 겪게 되더라도, 포기하지 않고 하루하루 이겨 내려고 애쓰다 보면 결국 좋은 일이 일어나더군요. 저는 모든 걸 잃었다고 생각했지만, 제 그림을 좋아해 주는 사람들이 생겨나고 도움의 손길이 이어져 전시회까지 할 수 있었죠. 끔찍한 사고를 겪은 후 저는 뭔가에 이끌린 듯 '봄의 풍경'을 계속 그리게 됩니다. 지구상의 대부분 생물이 사계절을 겪는데, 그중에서도 겨울은 춥고 힘든 시기죠. 사람의 인생에도 겨울 같이 혹독한 시간이 찾아올 수 있습니다. 그러나 겨울의 시간을 견디고 살아 있다 보면 자연스레 새싹이 돋고 예쁜 꽃이 피어나는 봄이 찾아옵니다. 우리의 인생도 마찬가지인 것 같아요."

고통을 승화시키는 일은 누구에게나 결코 쉽지 않다.
세상살이 좋은 일만 가득하면 좋겠지만
이따금씩 무너지곤 한다.

쓰러지고, 쓰라림에 울부짖고 좌절하며,
그럼에도 이겨 내려고 할 때
인간은 약하지만 강하다.

삶에 지지 않는 것이 무엇인지 증명하는 사람들.
그들을 통해 인간의 숭고한 의지와 용기를 배운다.

박환, 〈기다림II〉, 2011년

사고 전 작품.
사회적으로 소외된 것들,
소외된 사람들을 표현하려 하여
무거운 작품이 많았다.

박환, 〈열린 마음의 세상〉, 2017년

사고 후 작품.
힘차게 살고자 봄을 택하게 됐다.
짧은 세상을 살아가며 밝고 가볍고
아름답게 살자는 마음을 담아냈다.

사회생활

학교를 졸업하고 사회에 나와 맞닥뜨리는 것은
수많은 거절의 문이다.
하나의 닫힌 문을 열어 보려고 하면
"여긴 네가 들어올 곳이 아니야."라는 답을 듣는다.
그다음 문을 두드려도, 그다음도, 또 그다음도.
이런 말을 듣는 것이 부지기수이다.

그러다 간신히 좁은 틈을 열어 문안으로 들어선다.
안전할 줄 알았던 내부에 들어가서도 쉽지만은 않다.
어렵고 서러운 날들과 오해받는 시간이 있을 것이다.
그래도 가끔은 달콤한 날이 있고
성취와 인정의 기쁨을 맛보기도 할 것이다.

그러나 소속된 회사의 이름은 자신이 아니다.
직업의 명칭도 자신이 아니다.

인정받는 일이 외부에서 오는 것인지
내면에서 나오는 것인지 잘 들여다봐야 한다.
양쪽 모두이면 가장 좋겠지만,
그렇지 않다면 후자가 낫다.

스스로 보람을 느낄 만큼 확실히 뭔가 배워 나가며
성장 중인 사회생활을 하고 있는지 고찰해야 한다.
사색 없이 행하는 노력은 성장을 주지 않는다.
끝없는 생각과 고민 후에 행하는 것들이 보답을 준다.

자신을 증명해 내는 길은 멀고도 험하게 느껴지지만
한 발자국씩 내딛다 보면 그때는
세상이 당신의 문을 두들기며 들여다보려 할 것이다.
길게 줄지어 당신의 문 앞에 서서
기다리고 있을지도 모른다.

멈추지만 않으면 가능하다.
그러다 보면 견딤의 기억도
'그땐 그랬지.' 하는 정도의
추억 하나쯤이 되어 있을 것이다.

폭풍 치는 바다를 홀로 건너는 것 같은
외로움과 두려움의 시간을 보내고 있더라도
언젠가 분명 폭풍은 멎을 것입니다.

잠시 쉬어 가는 것

수백 년 된 고목들도 흔들리며 성장한다.
시리도록 차갑고 맹렬히 뜨거운 계절을 보내며
강한 비바람의 풍파를 겪고
그 흔들림이 더욱 단단하게 뿌리를 박는 데 기여하여
고목은 세월 속에 더욱 강해진다.

무엇이든 열렬한 정성으로 달리다 보면
지치는 순간이 오게 마련이다.
설령 그것이 정말 좋아하는 일이라도,
푸른 바다의 깊이만큼 가치로운 일이더라도,
방전된 것만 같은 순간은 온다.
흔들리는 자신을 너무 나무라지는 말자.

그대가 흔들린다는 것은 더욱 강해지기 위함이다.
그럴 때는 잠시 멈추고 쉬어 가도 좋다.
흔들리지 않는 나무는 부러질 뿐이므로.

흔들리는 것은 약한 것이 아니다.
비바람에 눈물 젖고 풍파에 흔들리기도 하는 것이
유연한 삶의 방식이다.

초승달의 얼굴

그날 밤 나의 기분에 따라
초승달은 다른 얼굴을 하고 있었다.

힘들었던 사춘기 시절 초승달을 올려다보며
슬픈 눈 같다고 생각했다.
내 마음과 닮아 있는 것 같았다.

퇴근 후 노곤한 몸을 이끌고 추운 밤길을 홀로 걷던 밤
그것은 곤히 잠든 피곤한 이의 눈꺼풀 같아 보였다.

사랑이 싹트고 행복이 만개할 때 달은
사르르 입꼬리를 올리며 미소가 번져 나가는
고운 입술이 되었다.
어떤 모습이든 내 마음이 반영된 달의 모습은
나를 위로해 주는 듯했다.

같은 초승달도 여러 시각에서 마주하는 걸 보면
일상 속에서 부딪히는 수많은 일 또한 그럴 것이다.

매사가 잘 풀리고 긍정적인 마음일 때는 곱게 보일 일도
힘든 순간에는 일그러져 보이는 걸지도 모른다.
한순간의 나쁜 충동은 잠시 접어 두자.
순간의 감정에 욱해서 결정하고 행동하기보다는
판단을 내일로 미루는 편이 낫다.

오늘의 시선이 정답이 아닐 수도 있다.
한숨 푹 자고 일어나 감정이 편안한 날에는
더욱 현명한 눈으로 모든 걸 바라볼 수 있을 것이다.
달의 얼굴이 예쁜 미소로 보이는 그날처럼.

매일 다른 눈으로 세상을 봅니다.
좋은 시선을 갖고 싶어 애를 써 봅니다.
어찌해도 되지 않는 날에는 나를 몰아세우기보다는
그냥 내버려 두세요.
마음에 고요를 담고, 때가 오기를 기다리며
나에게 자유를 주세요.

그리움으로 세운 돌탑

오랜만에 등산로를 걷다 보니 작은 돌탑이 여러 개 쌓여 있다. 지나가는 사람들이 하나둘 기도하며 쌓은 평범한 돌탑이겠거니 했는데, 산 깊숙이 올라가 보니 수많은 돌탑이 나무처럼 높다랗게 솟아 있었다. 탄성이 절로 나오는 광경이었다. 비바람이 불고 태풍이 몰아치기도 할 텐데 이렇게 커다란 돌탑들이 단단하게 균형을 잡고 서 있다는 사실이 대단했다.

신기한 일이라고 생각하며 나무 안내판에 새겨진 문구를 읽어 보니 1993년부터 한 남자가 이렇게 돌탑을 쌓아 오고 있다고 한다. 실향민들의 모습을 보고 공감하며 이산가족의 슬픔을 뼈저리게 느끼고는, 그리움과 다시 만나고 싶은 소망의 마음을 담아 매일 새벽 무거운 돌을 손수 실어 나르고 한 층 한 층 정성스럽게 돌탑을 쌓아 올리고 있다는 것이다. 1,000기를 향해 가는 돌탑은 그냥 돌멩이가 아니라 그리움을 켜켜이 쌓아 올린 가슴 속 멍울이었다.

보고 싶은 사람을 보고, 만나고 싶은 이를 만나며 살 수 있는
것이 누군가에게는 너무나도 큰 소망임을 다시금 생각해 보
게 된 순간. 참으로 먹먹하고 미안한 등산길이었다.

그리움의 길을 지나 정상을 넘어 반대편 길을 타고 내려오니
넓게 펼쳐진 아름다운 수원지가 있었다. 물결이 반짝반짝 빛
나고 산으로 둘러싸여 공기가 더없이 맑았다.
가슴 한편이 탁 트이는 기분!

그는 산을 넘고 넘어 힘든 여정을 거친 후에라도 결국에는 이
렇게 사랑하는 사람들이 다시 만나 아름다움을 느낄 수 있기
를 바랐던 것이 아닐까.

힘든 하루

굉장히 힘든 날이 있지만
그럼에도 불구하고 문제를 극복하려 노력하다 보면
어느 정도 시간이 지났을 때
다행히 좋은 방향으로 나아가고 있구나 하는 걸
깨닫게 될 때가 있다.

강한 의지를 갖고 노력하면,
그 마음이 정직하고 절실하다면
잘되게 되어 있다고 믿는다.

고민의 시간이 결국
삶의 방향을 다지는 원동력이 되기를.

이별을 배우는 것

어릴 적 키우던 햄스터가 죽었을 때 침대에 누워 엉엉 대성통곡을 했다. 평소에는 울음이 날 때 늘 소리 죽여 울던 나였지만 그날만큼은 구슬프게 소리 내어 울었다. 너무나도 사랑했던 존재를 하늘로 보낸 첫 경험이었다.

그 이후로도 이별은 익숙지 않았다.

학교 앞에서 산 병아리가 죽었을 때 참 끔찍하고 슬펐다. 햄스터를 보냈을 때처럼 정원에다 고이 묻어 주었다. 그리고 등하교하는 길에 매번 두 손 모아 기도해 주었다. 순수했던 영혼이 하늘나라에 가서 잘 살게 해 달라고.

고등학교 때 첫사랑과 이별하고는 세상이 다 무너지는 줄 알았다. 사랑하는 사람이 내 인생에서 사라져야만 한다는 것은 내 존재 가치가 사라지는 느낌이었다. 반년 정도를 매일같이 눈물 흘리며 지냈다.

결국 살아 있는 것들은 사라져 가고
세상 모든 관계는 끝이 난다.
그것을 받아들이는 것이 어른이 되는 과정이다.

이제는 안다.
지금 이 순간에도,
모든 것들과 이별을 향해 살아가고 있다는 것을.

가까웠던 사람들과도 어느 순간 언제 이별했는지도 모른 채
만나지 않고 살게 된다. 익숙하고 편안해서 가끔은 지겹지만,
마음 깊숙이 참 많이 사랑하는 가족들과도 결국에는 헤어지
게 될 것이다. 평생 함께하던 친구도 어느 날 누군가 먼저 세
상을 떠나면 헤어짐을 맞게 된다. 둘도 없이 절친했던 친구
를 먼저 저세상으로 보내고 실의에 빠진 어르신도 보았다.
떠난 사람만큼 남겨진 사람도 아프다. 당신이 먼저 이 세상
을 떠날 수도 있고 그들이 먼저 하나둘 떠날지도 모른다. 아
끼는 물건들도 영원히 내 것이 아니다. 언젠가는 남겨 두고
가야만 한다.

이별하게 될 것을 아는 사람은 서로가 소중한 이유를 안다. 나를 만나기 전 한 여자를 깊이 사랑하고 이별을 경험해 본 지금의 남편이 그래서 참 좋았다. 관계의 끝남을 아는 사람은 익숙한 것이라고 해서 소홀히 대하지 않는다.

내 주변의 생명과 사물을 아끼고,
헤어지는 순간 후회 없도록 살고 싶다.

당신도 그랬으면 좋겠다.

나쁜 기억을 지우는 알약

예전에는 좀 더 밝고 순수했던 것 같은데 아무래도 사회의 찌든 때가 잔뜩 묻은 모양이었다. '그 일이 일어나지 않았으면 좋았을 텐데.'라고 생각했다. 힘든 순간을 경험했기 때문에 내가 어두워진 것 같았다. 한때는 순수한 시선으로 보던 일도 지금은 그러지 못하는 것 같았다. 맑은 시선을 유지하려면 늘 성찰하고 노력해야만 했다.

'나쁜 기억을 지우는 알약'이 존재한다면 그 약을 먹을 것인가 말 것인가를 고민해 보았다.

못나고 지질했던 과거의 모습,
사랑받지 못했던 첫사랑과의 연애와 이별의 아픔,
존중받지 못하고 무시당하며 상처받은 시간,
불안한 미래에 앞이 어두컴컴했던 시절,
몸과 마음이 아팠던 깊은 고통,
어처구니없는 실수로 일을 망쳐 버렸던 경험.

이 모든 것들을 한 방에 다 없애 버린다면 어떨까?
너무 통쾌할 것 같은데!

고민 끝에 내린 결론은 그럼에도 그 알약을 먹지 않겠다는 것
이다. 비록 트라우마가 몇 차례 남았지만 극복하며 살아왔고
조금 더 주의 깊게 살아가는 법을 터득하게 된 것만은 확실하
다. 일, 건강, 사람과의 관계, 사랑 방식, 습관 등에서 실패와
고통을 겪으며 더 나은 길을 찾고 조금씩 수정해 왔다.

기억을 지운다면 또다시 같은 실수를 반복해야만 깨닫게 될
것이다. 피해갈 수 없었던 불행을 없었던 일로 만들 수 있다면
참 좋겠지만, 이미 엎질러진 물이고 어차피 주워 담을 수 없는
것이다. 억지로 기억만 지우고 아무 일 없었던 듯 사는 것보다
는 그 경험치가 내공이 되도록 만드는 게 나라는 인간의 진화
에 도움이 될 것만 같다. 무슨 일에서든 조금씩 배울 점, 개선
점은 발견할 수 있기 때문이다.

학교와 사회에서 다양한 사람을 만나 왔다. 힘들었던 인간관
계를 경험해 봤기에 다른 사람에게 가능한 한 상처 주지 않는
방법을 배웠다.

냉정하고 까다로운 사람,

나에게는 관대하고 남에게는 엄격한 잣대를 들이대는 사람,

지혜롭고 웃음 많은 사람,

용기와 힘을 주는 사람,

베풂의 미덕을 보여 준 사람.

이들 덕에 타인에게 괜찮은 친구가 될 수 있는 방법을 배웠다.

건강을 해쳐 보았기 때문에 건강할 때의 행복과 소중함을 알고, 몸에 나쁜 음식과 좋은 음식을 구분하여 건강을 지키려고 노력하는 습관을 갖게 되었다.

자잘한 실수를 해대던 덜렁이는 그 실수를 멈추기 위해 꽤 정돈된 사람이 되어 업무 처리에 능숙해졌다. 기억력이 나빠 일을 망쳐 버린 경험 때문에 사소한 할 일도 매일매일 꼭 적어 두는 습관을 만들었다.

미래에 대한 막막함을 겪었던 졸업 후의 시간은 지금 할 수 있는 일이 존재함, 그 자체에 감사함을 느끼게 해 준다. 물론 반복되는 일상이 지겹고 힘든 때도 있지만 견디며 나아갈 이유를 찾을 수 있다.

짝사랑처럼 외롭고 슬펐던 연애는 굉장한 자존감의 하락을 겪게 했지만, 이별의 시간 동안 세상이 무너진 듯 깊이깊이 슬퍼한 후에 더욱 좋은 사람을 보는 눈을 갖게 되었다.

세상을 살면서 빛과 어둠을 동시에 바라보고 있다. 때때로 어둠이 온통 당신을 뒤덮을지라도 어둠에서 무언가를 건져 내어 예쁘게 빚어서 자신만의 힘을 만들어 낼 수 있다면 좋겠다.

자존감을 잃었을 때

스스로 불행의 구렁텅이에 들어간 순간이 있었다.
나를 돌보지 않고 사람들의 눈치를 보았다.
나 자신보다 타인의 편안함과 행복을 우선시했다.
그들의 기분을 살피며 그에 맞추어 말하고 행동하는 것이
좋은 인간관계인 줄 알았다.

점점 불행의 구렁텅이 속으로 빠져들었고,
가치 없는 사람이 되었다.
슬프고 외롭고 불안했다.

그 원인은 누구의 탓도 아니고 내 마음속에 있었다.
내가 먼저 나를 존중하지 않으면
그 누구도 나를 존중해 주지 않는다.

자신을 사랑하는 것이
행복한 인생을 사는 첫 번째 방법이란 걸 알게 되었다.

자신이 소중한 사람이라는 것을 잊지 말아야 한다.
그런 사람에게서는 빛이 나고 매력이 느껴진다.
매력적인 그를 다른 사람들도 좋아하게 된다.

사람들은 자신을 버리는 자가 아닌,
스스로를 존중하면서도
다른 사람들을 위해 헌신할 수 있는 자를 존경한다.

하얀 종이와 마주하는 시간

하얀 백지를 펼쳐 들고 책상 앞에 앉았다.
맘껏 발자국을 찍어 보고 싶은 흰 눈밭처럼
자유롭게 펼쳐진 하얀 바다.
종이에서 나무속 냄새가 났다.

새하얀 눈밭에 첫발을 찍는 설렘처럼
백지 위에 검은 글씨를 올려 본다.
낙서를 끄적여 보기도 하고
뭔가를 괜히 그려 보기도 한다.
슬픔의 글, 감사의 글, 고뇌의 글을 끄적인다.
사각사각, 위로해 주는 소리.
백지와 내가 마주하는 시간이
죽어 가던 영혼을 살릴 때가 있다.

하루는 버거웠고, 일상은 늘 그렇듯 흘러갔다.
책임도 의무도 지운 채

이 시간은 홀로 백지와 마주한다.
내가 얼마나 초라하기 짝이 없었는지
이야기해 보아도 되겠지.
어떤 어리석은 실수를 했든 하지 않았든 침묵하며
부드럽게 포용해 주겠지.

힘들 땐 한 박자 쉬어 가야 한다.
하얀 백지가 내가 되고, 그 백지와 대화하고,
그 백지에 고충을 털고 고민을 나누면
백지가 답을 준다.
사실 그건 내 안 깊숙이 있던 내면의 대답.
그 답을 찾는 시간을 갖는 것이 참 중요하다.

힘이 들 때는 외부에 너무 의존하지 말고
하얀 종이와 함께 자신을 들여다보자.
그러다 보면 무한한 창조적 뇌가 자극되고
현답이 나올지도 모른다.

비가 온 뒤 날이 개면
물웅덩이에 비친 하늘을 보세요.
멀게만 느껴지던 하늘이 내 손안에 잡혀요.
하얀 종이 위에 사각사각 한 글자씩 써 내려가며
나를 비춰 보세요.
내면의 나를 만나서 악수해 보세요.

기억력의 한계

멀어져 가는 기억의 끝자락을 붙잡고 새벽 시간 잠들기 전 최대한 모든 기억을 다 끌어내어 떠올려 보려고 노력할 때가 있다. 일 년에 한두 번쯤 하는 습관 같은 것이다.

태어나 가장 어린 시절의 기억은 아마도 3살 즈음이었던 때다. 가족들과 식당에 갔다가 만난 황토색 개와 이름 모를 어떤 소년에 대한 기억이다.

식당 주인아주머니의 아들이자 9살쯤 되어 보이던 소년은 어린 나를 귀엽게 여기고 개에 대한 호기심이 가득한 내가 쓰다듬어 볼 수 있도록 도와주었다. 식당 마루 밑에 숨은 개를 찾으려고 물구나무 비슷하게 고개를 꺾어 마루 아래를 살살이 살폈다. 몸집이 나 만한 개를 겁 하나 내지 않고 좋아했다. 말도 잘 못했던 내게 친절했던 소년과 너무나 사랑스럽게 느껴지던 동물에 대한 기억. 왠지 모르게 뇌리에 박혀 있는 이런 사소한 기억이 참 소중하게 느껴진다.

그다음은 유치원, 학교, 학원을 오가며 점점 성장하고 여러 친구를 사귀고 멀어진 일들을 생각해 본다.

초등학교 때 좋아했던 남자아이에게 건넨 초콜릿도 떠올려 보고, 방황하던 중학교 시절의 상처와 날 선 감정과 그때의 나를 기억해 본다. 고등학교 때 밤늦게까지 학교에 머무는 야간 자율 학습 시간은 힘들었지만 친구들과 추억을 한가득 쌓아 가던 그 시절의 와자지껄한 웃음을 떠올려 본다. 대학교 때 어수룩하고 어린 티를 버리지 못한 모습이면서도 어른이 되었다는 기쁨과 새롭게 허용되는 것들의 신세계를 맛보며 흥분되고 즐거웠던 감정을 떠올려 보고, 지나간 사랑과 우정과 여행의 기억들을 되짚어 본다. 어른스럽게 행동하려 했던 첫 직장 생활과 그 후의 사회생활들까지도.

내가 얼마나 부족했는가, 또 얼마나 성장했는가를 돌아보며 반성하고 추억을 더듬거린다.

그렇게 두세 시간 기억의 조각들을 끼워 맞추며 골똘히 추억에 사로잡혀 있다 보면 눈물 콧물이 찔끔찔끔 나면서 기쁘고도 슬프다.

이따금씩 이렇게 기억을 더듬거리는 까닭은, 살다 보니 아주 또렷했던 일마저도 흐릿해지는 기억력 때문에 무의식의 저편으로 넘어가고 있기 때문이다. 분명 명확히 기억했던 일들이 어렴풋해져 갈 때 너무나 아쉽다. 내 속에 새겨진 것들이 지워질까 봐 그 추억들을 붙잡고 늘어진다.

이렇듯 기억을 쥐고 있으려 애쓰지만 어느 순간에는 사람의 기억력이 완벽하지 않다는 것에 큰 감사함을 느끼는 때도 있다. 너무 아프고 무서워 온몸을 부들부들 떨며 인생을 포기하고 싶었던 순간들도 시간이 지나니 '그때는 그랬었지.' 하는 정도가 되는 것을 보고 부족한 기억력이 주는 선물이 바로 이런 것이구나 싶었다. 살면서 이별한 모든 것들을 매일 가슴에 안고 살아간다면 얼마나 슬플까. 부정적인 기억과 아픔이 어느덧 흐려질 수도 있다는 것이 얼마나 다행인지 모른다.

이중적이지만 잃어버리기 싫은 좋은 추억과 잊고 싶은 끔찍한 기억들이 공존하는 인생을 살며 이 정도 데데한 수준의 기억력을 갖고 있는 것이 참 이상적인 것 같다.

상처 입은 영혼

사람에게 상처받고 몸과 정신이 아팠던 때가 있었다.
계속되는 언어폭력과 자존감을 깎아 내리는 말들로 마음에
시퍼런 멍이 들었고 그 멍을 계속해서 두들겨 맞았다. 무진장
힘들었던 그 시절은 자아를 빼앗긴 기분이었다. 영혼이 다 사
라져 버린 기분.

그 신호는 감정의 무뎌짐에서부터 나타났다.
두려움과 불안함이 증폭되면서 좋은 감정을 느끼기가 힘들어
졌다. 감동의 눈물을 흘리는 방법을 잊어버렸다. 슬픈 영화를
봐도 아픈 사연을 들어도 눈물이 나지 않았다. 무표정한 얼굴
만이 남아 있었다. 손이 멋대로 뒤틀려 꺾이고 호흡 곤란 증세
가 나타나 응급실에 다녀왔다. 대인 기피증이 생기고 무기력
해졌다. 그래서 그 인간관계에 중단을 선언하고 빠져나왔다.

이후에도 회복되는 데 오랜 시간이 걸렸다.
나에게 정말 문제가 있다고 느낀 것은 지옥 같던 상황을 박차

고 나와 자유로워진 후의 어느 날, 나를 보고 매번 꼬리를 흔드는 강아지 두 마리를 보면서 쟤들이 내가 좋아서 반기는 것이 아니라고 생각한 때였다. 도무지 나를 진정 좋아하는 것으로 느껴지지 않았다. 혹시나 줄지도 모르는 간식거리 때문에 나한테 아양을 떨기 위해 저러는 것이라는 생각이 들었다. 그런 생각을 하고 있는 나를 보며 흠칫 놀랐다.

'아, 나 심각하구나.'

내 마음이 꽤 병들었다는 걸 그 순간 깨달았다. 괜찮은 척하고 살아가고 있었는데 아니었던 것이다.

그래도 다행히 깨달았기에 상처를 치유해 나갈 수 있었다. 더 좋은 기억들을 그 위에 차곡차곡 포개고 쌓아 올렸다. 좋은 사람들을 만나고 위로하고 위로받았다. 많은 책을 읽고 때로는 책에 질려 보기도 했다. 때때로 사람들이 싫을 때도 있고 좋을 때도 있었지만, 도망치지 않고 그냥 살아 내며 앞으로 걸었다. 시간이 주는 무뎌짐 덕분에 나쁜 기억들은 아스라이 희미해져 갔고 좋은 기억들이 더 많이 쌓여 갔다.

아픈 상처는 조금씩 옅어지고 그 위에 흉터만 남았으며, 이젠 영광의 흉터가 되었는지 더 이상 짓무르거나 쑤시지 않는다. 그 상처를 잘 아물도록 한 나 자신이 자랑스럽다. 이제는 강아지들의 순수한 눈망울이 보이고 온전히 나를 좋아해 주는 녀석들이 그저 사랑스럽기만 하다.

감사해야 할 감동적인 순간이 많음도 느낀다. 좋은 노래, 영화, 장면을 보면 눈물이 나고 다른 사람의 희로애락을 보며 함께 감정을 느낀다. 세상에는 고마운 사람들이 더 많다. 감동하는 마음이 되살아났다. 그렇게 나는 다시 나를 찾은 것이다.

살다 보면 아픈 시간을 겪고 자신이 부정적으로 변해 버린 것 같은 시간이 올 수 있다. 세상을 살다 보면 나를 있는 그대로 아껴 주는 사람도 많지만 가혹하고 모질게 대하는 이들도 만나게 된다.

사람에게 받은 상처는 참 아프고 오래간다. 그러나 아이러니하게도, 사람에게 받은 상처는 사람으로 치유할 수 있다. 자신이 먼저 누군가에게 좋은 사람이 되어 주고, 좋은 사람들과 신의를 쌓으며 마음을 나누고, 온정을 주고받음으로써 상처도 결국 아문다.

상처가 아물고 새살이 돋으면 더욱 강인해진 자신과 넓은 가슴으로, 나를 안아 주고 타인을 보듬어 줄 수 있다.

힘든 시간을 지나쳤다면
이제는 마음속에 평화와 행복을 채워 보세요.

일련의 사건들

살면서 다양한 일을 겪는다.
그 경험들이 한 사람을 완성하는 데 크게 일조한다.
본연의 자아가 가진 개성에 경험이 어우러져
진정한 자신을 만들어 가는 것이다.

몸과 정신이 아팠던 경험,
누군가에게 상처받은 경험,
도리어 내가 상처를 준 경험,
바라는 것을 이루기 위해 노력했던 경험,
실패하고 좌절했지만 다시 일어나 본 경험,
원치 않는 불행이 찾아온 경험,
생각보다 운이 따라 잘 풀린 경험,
사람들과의 관계 속에 행복했던 경험.

좋은 경험과 나쁜 경험 모두가 쌓여 가는 인생 속에서
그 일련의 것들이 한 사람의 인생에 미칠 영향을 생각해 본다.
사색은 그것들을 내 것으로 받아들임을 배우게 한다.
자신에게 쌓인 인생의 사건들에 대해
깊이 생각하고 성찰해 보았을 때에만
자신만의 지혜를 가질 수 있다.

일련의 사건들은 지혜를 주기도 하고
또는 큰 트라우마를 남기기도 한다.
그 트라우마도 지혜로 승화시키기 위해서는
큰 용기와 삶에 대한 절실함이 필요하다.
쉽지 않지만 용기 내어 보는 것이
자신의 삶을 사랑하고 존중해 주는 방법이다.

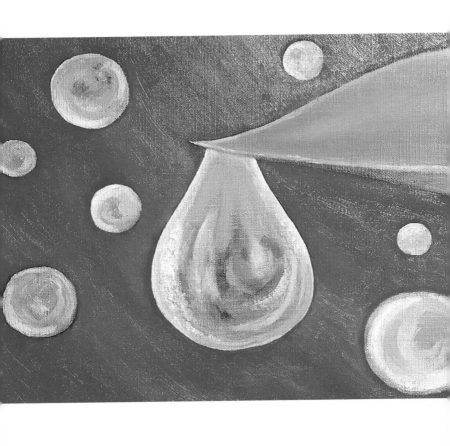

좋은 기억을 차곡차곡 쌓아 올리는 일은
무척 중요합니다.
좋은 사람을 만나고,
좋은 음악을 듣고, 여행을 하세요.
나에게 쉼을 주세요.
쓰라린 상처를 치유해 가는 과정이 될 거예요.

하루를 마치고

몸이 안 좋아서 유난히 힘이 들었던 평일의 어느 날, 타인들 앞에서는 괜찮은 척 웃으며 일했지만 실은 당장에라도 어딘가에 누워 버리고 싶을 만큼 피곤했다. 털썩 주저앉아 버리고 싶었지만 참 잘 견뎠다.

사람들이 떠난 빈 사무실에서 온몸에 힘이 풀려 눈을 감고 의자에 기대어 있었다. 바로 퇴근을 하고 싶었지만 그럴 기력이 없어 잠시 쉬며 에너지를 충전할 시간이 필요했다. 일과를 마치고 집으로 돌아가는 길에 생각해 보았다.

나는 그동안 참 나 자신을 대견해하는 일에 서툴렀다. 열심히 행한 노력에 비해 스스로를 토닥이지 못했다. 친구가 오늘 온종일 무언가에 고군분투했다고 나에게 얘기한다면, 분명 수고했다고 말해 줄 것이다. 헤어질 때 으레 하는 인사말인 '수고했습니다.'를 왜 내게는 하지 못했던 것일까. 왜 나 자신에게는 높은 잣대를 들이대어 관대하지 못했던 것일까.

나의 노고를 인정해 주는 것이 꼭 필요했다. 좀 더 나를 사랑해 주고 나 자신에게 감사하는 마음을 갖는 것 말이다.

고된 하루를 잘 견뎌 낸 당신
그동안 자신에게 너무 엄격했던 것은 아닐까요?
오늘은 스스로에게 이렇게 이야기해 보세요.

"고맙다. 정말 수고 많았어. 참 대견하다!"

많은 사람들과 감정의 교류를 주고받은 날은,
홀로 쉼이 필요해요.
상상 속에 내면의 방을 만들고
우두커니 앉아 고독의 시간을 즐겨 보세요.
고독을 즐길 수 있는 사람은
창의적이고 독립적인 자아를 갖게 될 거예요.

좋아하는 음식

이른 아침, 나를 깨우는 건 모닝커피 한 잔이다.
정신을 차리고 오늘의 과업을 시작해 본다.
집안일 혹은 업무와 같은 일상적인 것들.

어른이 되고부터 좋아하는 음식은
커피,
티라미수,
녹차 아이스크림,
다크 초콜릿.

언젠가부터 좋아하는 음식들은
쓰지만 오묘하게 달달한 것들이다.
어른이 된 이후,
사회생활을 시작한 이후로
쓰디쓴 인생의 맛을 배워서인 걸까.

살아간다는 것은
쓰디쓰지만도, 달콤하지만도 않다.
둘은 항상 공존했다.

이른 아침 눈 비비고 일어나 힘겹게 일하고
퇴근 후에 찾아드는 여유.
벌어 온 돈으로 꼭 필요한 데 소비할 수 있는 기쁨.
내 노력으로 나와 타인의 성장을 느끼는 보람.
쓰디쓴 애씀 후에 얻을 수 있는 달콤한 맛.

인생과 음식들은 닮아 있다.

인생은 공부의 연속

어릴 때 영어 문법을 아주 싫어했다.
채점 후에 쭉쭉 그인 빨간 오답 표시를 보며
내 마음도 죽 하고 할퀴이는 듯했다.
붉은 선을 가슴속에다 한 번 더 긋고
재미없는 것으로 치부해 버린 후
문법 얘기만 나오면 바로 귀를 닫아 버렸다.

어른이 되어 영어로 의사소통하고 싶은 욕구에
열심히 빠져들어 영어로 말하는 걸 연습하다 보니
어느덧 아이들을 가르칠 수 있을 만큼 성장했다.
또 회화를 하면서 문법도 덩달아 흥미로워졌다.

언어를 할 수 있게 되면,
문법이란 그 언어를 정리해 놓은 체계일 뿐이고
가끔 의문이 생길 때 그 체계를 들여다보는 것이
말하는 데 꽤 도움이 된다는 것을 몸소 느끼게 된다.

아이들이 열심히 고뇌하여 푼 책의 종이 바닥 위에는
빨간 세모 표시들이 가득 생겼다.
소위 말하는 채점의 흔적!
동그라미보다 빨간 세모에
신경을 곤두세우는 아이들에게 이야기해 주었다.

책에다 푼 문제가 처음부터 끝까지 다 맞고
동그라미만 가득하다면 참 이상한 거야.
세모가 있는 게 당연한 거란다.
틀린 문제는 거울 같은 거야.
그걸 들여다보면서 자신이 뭘 헷갈리는지
알 수 있는 거지.
표시를 해 두어야 다음에도 찾을 수 있겠지?
다시 볼 때 편하기 위해 다른 기호를 그려 두는 거란다.
너희한테 보여 주고 도움을 주려고
그렇게 튀어 보이는 것뿐이야.
누구나 반복하다 보면 쉬워져. 세모 표시는 별게 아니란다.

그러자 아이들이 문법 시간도 좋아하기 시작했다.
더 이상 틀리는 것에 죄책감을 느끼지 않게 되니,
새로운 것을 배워 가고 알아 가는 게 재미있는 모양이다.

자신의 실수에 실망하다 보면 공부 자체가 싫어진다.

실수를 싫어하지 않는 자세가 정말 중요하다.

처음부터 결과물이 별 다섯 개가 아니면 어떤가.

점점 별표를 채워 나가는 게 더 재밌지 않을까?

어차피 인생은 끊임없는 배움의 연속이다.

실수해도 괜찮다.

잘하는 것만 하다 보면 발전이 없다.

영어든 뭐든 모든 건 반쯤 실수하면서 늘어 가는 것이다.

한 번도 실수하지 않는 방법은

단 한 번도 도전하지 않고

알려고 하지 않는 방법밖에 없다.

실수투성이 인간만이

자기 자신을 찾는 공부도 할 수 있다.

밤의 야경

야경이 참 예쁘다.
반짝반짝 빛이 난다.

밤이 찾아오지 않았다면
우리가 살고 있는 세상의 모습이
이토록 예쁜지도 몰랐을 것이다.
어둠 없이는 빛의 밝음을 깨닫기 어렵다.

그래서 인생의 쓰라린 경험을 하고 난 사람들은
평범한 날의 소중함을 안다.
별일 없이 무탈한 매일의 하루가
엄청난 기적임을 깨닫게 되는 것이다.

아이러니하게도 그것은
어둠의 시간을 맞이해 고통을 맛본 사람만이
절절히 알 수 있는 선물이다.

낮에는 어디 숨어 있나 알 수 없었던 별.
어둠이 내린 한밤중에야 자신을 드러내며
반짝반짝 빛나는 별.
당신의 어둠이 언젠가
당신을 더욱 밝혀 줄 날이 올 것입니다.

모래밭 놀이

잃는 것도 있고
얻는 것도 있고
그런 거다
살아가다 보면

반짝반짝 빛나는
따스한 모래알을 가지고 싶어
손 한가득 쥐고 있어 보려 하니

아무리 세게 움켜쥐어도
손가락 사이로 스르르 빠져나가 버리는
그런 모래알처럼

과거 보내 주기

앞으로 나아가야 하는 순간
과거가 그것을 붙들 때가 있다.

두려움 때문에 앞으로 나아갈 용기가 나지 않을 때,
그럴 때는 다시금 과거와 마주해야 한다.
과거를 정면으로 마주하고
두려움의 실체가 무엇인지 알아보아야 한다.
그러면 그것에게 안녕을 고할 수 있다.

그런 후에는 생각했던 것보다 훨씬 멀리 나아갈 수 있다.
더욱 강인해진 자신과 함께.

과거의 고통이 자양분이 되는 시점은 반드시 온다.
지금은 이해할 수 없어도 언젠가 그렇게 되리란 걸
굳게 믿는다.

제3의 시선

고민이 한가득일 때 상황을 객관적인 자세로 보기 위해서는, 타인이 되어 조금 멀리 떨어진 곳에서 상황을 바라보는 게 큰 도움이 된다. 관조적으로 나를 바라보는 것이다.

그러면 신기하게도 훨씬 더 객관적인 답을 얻을 수 있다. 그리고 의외로 스스로에게 칭찬할 것이 많다는 것을 깨닫게 된다. 그동안 얼마나 열심히 노력해 왔는지, 타인을 배려하면서 행동해 왔는지, 제일 잘 알고 있는 것은 바로 자신이기 때문이다.

칭찬도 해 주고 조언도 해 주는 그런 사람이 되어 주어라. 답은 이미 내 안에 있는 경우가 많다. 가끔은 그렇게 제3의 인물이 되어 스스로에게 친구가 되어 주는 것이 좋다.

바다를 찾아왔다

눈부시게 부서지는 하얀 파도
철썩철썩 시원한 파도 소리
내면에 있던 회색 찌꺼기들이 씻겨 나가고
속이 시원하게 비워진다.
가슴속에는 파아란 청아함이 밀려들어 왔다.

파도 소리에 지나간 세월의 후회를 같이 보내고
파도 소리에 스트레스를 휘날려 버리고
파도 소리에 까맣게 찌든 부정의 때를 지워 보낸다.

바다를 보면 뭐든 다시 시작할 수 있을 것만 같다.
그래서 새 출발이 필요할 때
바다를 찾아온다.

바다를 만나면
그 장엄함이 나를 사로잡는다.
한없이 작아지는 나의 존재를 느끼며
겸손한 생명체로 되돌아간다.

과거의 자양분

지난날의 행복한 기억은 추억이 되고,
지난날의 실수와 모자람은 거름이 된다.
과오에 짓눌려 그것의 노예가 되지 말자.
그것이 나의 자양분이 될 것이라는 믿음을 가진 순간
실패도 실수도 거름이 된다.

그리고 나의 잎사귀에는 푸르름이 더해지고
뿌리와 줄기는 더욱 단단히 자리 잡으며
꽃봉오리를 몇 송이 만든다.
그중에 하나는 분홍빛 사랑의 꽃봉오리,
그중에 하나는 하늘빛 꿈과 희망의 꽃봉오리,
그중에 하나는 주황빛 열정의 꽃봉오리.

거름을 자양분 삼아
건강해진 두뇌와 심장으로
색색의 꽃을 활짝 피워 올릴 것이다.

삶이란

산다는 것은
낮 동안 자신의 토양을 일구는 데 매진하고
밤의 선선함과 적막함을 느끼는 것.

손가락 사이를 스치는 바람을 느끼고
주변 인간관계에 마음을 쓰고
가끔은 작은 오해로 상처받기도 하고
의도치 않게 상처를 주기도 하는 것.

사회의 부조리함에 분노하기도 하고
부당함에 저항하기도 하는 것.
삶이란 불완전 그 자체.
하지만 그 부당함과 불완전함 덕분에
사람들은 선한 의지를 갖고
온전한 도덕성과 정의를 지향해 나간다.
그 과정에서 인간은 존귀해진다.

당신의 불완전함은 당신만의 것이 아니에요.
우리 모두는 조금씩 부족한 존재입니다.
그러니 선한 의지를 갖고 나아지려고 애쓰며
조금씩 더 나은 세상을 만들어 가요.

영혼의 바다

영혼이여, 지지 마라.
바다가 마르는 일은 일어나지 않을 것이다.
그처럼 일렁이는 당신의 가슴도 마르지 않을 것이다.
어느 날에는 소용돌이치는 폭풍 같은 시간이 닥쳐오고
오르락내리락하는 절망과 환희를 겪게 될 것이다.

산다는 건 누구에게나
작은 문제들의 연속과 커다란 위기,
그리고 소소한 기쁨과 때때로의 큰 즐거움 정도이다.
파동이 일지 않는 바다는 없다.
모두의 바다는 일렁이고 있다.
당신의 바다도 멀리서 보면 그저 아름답다.

끝이 있다면 시작도 있다

이별이 있으면 새로운 만남이 오고
충돌이 끝나면 화해의 싹이 틀 것이다.
미움이 있다면 용서도 있을 것이고
보냄이 있으면 새로운 받아들임이 기다리고 있을 것이다.

인생의 굴곡이 밑바닥으로 떨어지고 있다면
이후 활기찬 비상이 있을 것이다.
죽도록 애쓰던 무언가가 끝나 버렸다면
새로운 시작이 있을 것이다.

어느 과정에 놓여 있는지 알지 못하는 때도 있다.
그럴 때에는 그냥 잘 흘러가도록 두어라.
순리에 맡기고 묵묵히 인생의 길을 걸어가는 것이다.
답은 천천히 내게로 다가올 것이다.

Let it be!

나를 반짝이게 하는 온기

두 번째

별은 어두울 때 가장 잘 보인다

위해 주는 사랑

과연 나는 물과 거름을 주는 사랑을 하고 있는지
새싹을 밟아 버리는 사랑을 하고 있는지
늘 조심스럽게 살펴볼 일이다.

친구와 연인 혹은 가족들 같은
가깝고도 소중한 이가 자신에게 한두 명쯤 있다면
그 사실만으로 삶은 풍요로워진다.

하지만 가까운 사이는 더욱 깊은 상처를 줄 수도 있다.
그래서 그들에게 받은 상처는 훨씬 더 아프다.
친밀한 관계일수록 더 조심스럽게 배려해 주어야만 한다.
그래야만 소중한 이가 참된 사랑을 먹고
새싹처럼 자라난다.

사랑하는 사람을 바라보며
아끼고 염려해 주는 마음이 과해지면

때로는 걱정스러운 관심이 덤불처럼 무수히 자라나
사랑하는 이를 감싸고 둘러싸 옥죈다.
간섭이란 이름으로 변모한다.
그때 사랑은 폭력이 된다.

진정 상대를 위하는 사랑에 필요한 것은
서로에 대한 신의의 묵직한 농도,
존재에 대한 감사함,
다름을 받아들이는 존중,
가볍고 유쾌하지만 진중한 진심,
삶의 애씀에 대한 존경이다.

이따금씩 상대방의 감정이
짙은 먹구름이 되어 요동칠 때는
그 자리에서 기다려 줄 수 있어야 한다.
빛나는 별들이 간격을 두고 밤하늘을 비출 때
더욱 아름다운 것처럼
아름답게 공존할 수 있는 거리를 찾아야 한다.
너무 가까이에서 하나가 되려 하지 않아야 한다.
그럴 때 우리는 각자의 자리에 서서
사랑스럽고 아름다워진다.

추억

나에게는 추억이 참 소중합니다.

그 시절 함께 마음을 나누었던 이들,

왁자지껄 떠들며 웃어대던 순간들,

진심으로 걱정해 주던 따스한 가슴,

서로 주고받은 고마움.

잊히지 않고 마음속 깊이 저장되어 있습니다.

지금 만나고 있든, 조금은 소원해졌든,

아니면 이제는 만나지 않든 상관없이

기억들은 내 안에 살아 숨 쉽니다.

살아가면서 힘든 일이 닥쳐도

이겨 낼 의지를 가져 볼 수 있는 힘의 원천은

많은 희로애락의 순간 속에

사랑받은 기억들이 존재하고

마치 정말 예쁜 초콜릿 하나를 조심스레 까서 먹듯

추억을 하나씩 꺼내어 펼쳐 보고 곱씹어 보며
행복한 기분을 생생히 느낄 수 있는 것에 있습니다.

시간과 공간이 변해도 살아 있는 것들이 있습니다.
사람도 물건도 사라지더라도
눈에 보이듯 선명한 것들이 있습니다.
한 번도 만나 보지 못하며 다른 시대를 살았더라도
감사한 사람들이 있습니다.
모든 것은 결국 다 이어져 있습니다.

지난 인연들에 감사하고
현재의 인연들에 충실하며
앞으로의 인연들을 기대합니다.

참으로 고맙습니다.

삶에서 마지막 순간까지 반짝반짝 빛나는 것은
마음을 나눈 기억들일 것입니다.

사랑한다면, 기꺼이 함께 시간을 보내야 합니다.
우리의 삶은 유한하니까요.
지금 소중한 것들, 바로 옆에 있는 이들과
시간을 보내 봐요.

당신에 대한 어렴풋한 기억

살면서 수많은 사람과 관계하며 살아간다.
살면서 한 인간이 마주하게 되는 사람은
수십만, 수백만 명이 될 것이다.
자기도 모르는 사이 사람들과 만나고,
말없이 마지막 이별을 한다.

모든 인간관계는 변화하고 잊힌다.
어릴 적 함께했던 친구들이
그때 그 시절에는 매우 소중했지만
어느덧 반이 바뀌면서 물리적으로 떨어지기도 하고
세월의 흐름에 따라 자연스레 멀어지기도 하는데
그저 그것을 덤덤하게 받아들이며 살아간 기억은
누구에게나 있을 것이다.

하지만 절대 가슴속에 지워지지 않는 것이 있다.
그것은 바로 그 사람에 대한 어렴풋한 감정적 기억이다.

차가운 사람이었는지 따뜻한 사람이었는지,
그에게 무시당했는지 존중받았는지,
그 사람을 마주하며 느꼈던 것들은 잊히지 않는다.

순간순간의 것들을 기억 속에 다 담지는 못해도
가슴이 분명 그 사람에 대한 무언가를 기억한다.
그이가 가진 오라가
타인을 배려하며 이롭게 만들어 주는지
깎아 내려 불행하게 만드는지는
몇 번의 몸짓과 대화에서 느껴지기 때문이다.

세월이 가면 자연스레 이별할 관계이지만
그 사람의 마음속에 따스함을 심어 주는 건
누구나 할 수 있다.
따스함을 받아 본 사람은
또 다른 타인들에게 따스함을 전해 주고 싶어 한다.

차가움으로 가슴이 꽁꽁 얼어붙으면
어디론가 가서 그것을 증오와 분노로 풀려고 한다.
차가움이 차가움을 낳아 서로를 겨누며
갑질 문제도 일어나고 상처받는 일도 생기는 것이다.

따스함도 차가움도 한순간에 멈춰 있지 않는다.

전달되고 이어진다.

내가 뱉은 한마디와 몸짓이 나비 효과처럼

퍼져 나갈 것을 생각하면

사소한 언행에서도 조금의

사회적 책임을 느껴야 할 것 같다.

그것은 돌고 돌기에 개개인이 할 수 있는

세상을 아름답게 만들어 가는 방식이다.

인사하기

동네 상가 계단을 오르고 있는데 꽁지머리를 한 여자아이가 매우 명랑한 목소리로 "안녕하세요?" 인사를 건네 왔다. 순간 처음 보는 아이가 인사를 하여 당황했지만 이내 나도 밝게 "응, 그래. 안녕?" 하고 웃음기 담긴 목소리로 대답했다. 괜스레 마음이 흐뭇해졌다.

초등학교에 다니던 즈음을 돌아보니 나도 동네에서 마주친 어른들마다 인사를 했던 일이 생각났다. 어른을 보면 인사를 해야 한다고 배웠기 때문에 그래야 한다고 생각했다. 얼굴이 굳어 있던 분들도 막상 "안녕하세요?" 하고 꾸벅 인사를 하면 살갑게 맞아 주고 안부를 묻곤 했다.

요즘은 동네에서 누군가와 마주쳐도 인사하는 일이 줄어들었다. 가끔 자주 마주치는 분께 망설이다 먼저 인사를 할 때가 있는데, 막상 인사를 하고 나면 분위기도 부드러워지고 딱딱함이 사그라든다. 얼굴을 펴고 조금만 대화를 나누어 보면 그

들도 넉넉한 미소를 지닌 누군가의 어머니, 딸, 아들, 삼촌이
라는 것을 새삼 느낄 수 있다.

아이들에게 인사를 잘하라고 가르치기에 앞서, 먼저 인사를
잘하는 어른이 되어 보는 것이 어떨까. 특히 일상 속에서 수고
롭게 누군가를 돕는 일을 하는 이웃들에게 먼저 미소 지어 보
이며 예쁜 한마디를 건네는 넉넉함을 가져 보자. 특히 '감사합
니다, 고맙습니다.'라는 그 짧은 한마디로 감사의 마음을 표현
하고 나면 건넨 이의 마음과 받은 이의 마음 모두에 예쁜 꽃
이 피어난다.

유약함

〈당신, 거기 있어 줄래요〉라는 영화에서 기억에 남는 대사가
있다. 캄보디아에 의료 봉사 활동을 간 중년의 의사 한수현,
그는 환자를 위해 최선을 다하는 마음 여린 사람이었다.
겉모습은 거칠지만 내면에 연민이 많아 도움이 필요한 사람
을 그냥 지나치지 못했다. 꺼져 가는 생명에 불꽃을 지펴 주는
의사로 살아가고 있었다.

그는 봉사 활동을 하던 중 우연한 방법으로 과거로 돌아가는
알약을 얻게 된다. 알약을 입에 넣고 잠이 들었다 깨어난 그는
20대 시절 과거의 자신을 만났다. 처음 이상한 중년 남자의 말
을 믿지 못하고 툴툴거렸던 젊은 남자는, 나중에는 그가 미래
에서 온 자신이라는 것을 믿게 된다. 젊은 남자가 미래의 자신
인 남자에게 물었다.

"저는 좋은 의사가 됐습니까?"
"넌 이미 좋은 의사야, 한수현."

"뭐 죽음에도 무감각해지고 적당한 거리도 둘 줄 알고 지금보다 강해졌다는 말이네요."
"그 유약함이 너를 좋은 의사로 만들었어."

'유약함'이라는 단어가 뇌리에 꽂혔다.

약하다는 것은 좋지 않은 것이라 생각했다. 무력하고 나약한 것이라고만 생각했다. 그런데 이 문장 속에서 유약함은 오히려 강함일 수 있다는 말이었다.
사랑, 연민, 선함이 크면 자칫 그것을 약함으로 볼 수 있지만 사실 그건 강함이다. 사랑이 다른 부차적인 것을 뛰어넘을 수 있다는 건 엄청난 강함이다. 마더 테레사, 나이팅게일이 그랬을 것이다.

그래서 어쩌면 삶에서 더욱 유약해져야 할지도 모르겠다. 그래야 더 괜찮은 사람이 될 수 있을 것 같다.

친애하는 빈센트 반 고흐

푸른 밤 어슴푸레 떠진 눈에 보이는
구름 빛 자욱한 하늘 너머,
그곳에 있다.
그곳으로 그가 떠나갔다.

별빛을 사랑했던 그는 그렇게 갔다.
하루도 빠짐없이 붓을 쥐어 든 그는
그리고 또 그리며
보잘것없는 나일지라도
그림을 누군가에게 선보이고 싶다는 마음을
깊이깊이 품었다.

깊은 감정선으로 세상을 느끼고
주변의 어여쁜 동식물들을 부드럽게 사랑했다.
따뜻했던 그는 아주 많은 것들을
감각적으로 느낄 수 있는 영혼이었다.

그래서 힘들었고, 그래서 가히 천재적이었다.

별빛이 밝게 빛나는 밤,
거리와 들판, 주변의 사람들.

외롭고 슬프고 사랑스럽고 따스했던
그의 두 눈에 담긴 세상은
붓 터치의 부드러움과 날카로움으로
사람들의 눈길을 사로잡는다.
그는 이 세상에 없지만 그의 꿈은 이루어졌노라
그를 토닥여 주고 싶다.

택시 기사 아저씨

대학 병원에 갈 일이 있어 택시를 탔다.

기사 아저씨는 웬일로 병원에 가느냐고 걱정해 주더니 자신의 이야기를 들려주었다.

그의 아내는 60세가 넘은 후 아파서 수술을 여러 번 하였다. 귀 수술을 두 차례 받았지만 지금은 예전만큼 다른 사람의 목소리를 명쾌하게 듣지는 못한다. 최근에는 무릎 수술까지 하였는데 그 과정이 참 길고도 험난했다.

병을 치료하기 위해 수도권의 유명한 병원에 가서 수술을 받고 긴긴 입원 기간을 보냈다. 아저씨는 옆에서 부인을 늘 간호하였고, 시간이 날 때는 택시를 몰며 열심히 인생을 살았다.

다행히 수술을 잘 받아 현재는 부인과 함께 집에서 생활하는데, 그녀의 몸은 예전만 못하여 다리가 간헐적으로 아프고 소리도 전만큼 잘 들리지 않는다.

몸의 아픔이 마음의 우울증으로까지 번진 모양인지, 아저씨
는 요즘 그녀가 힘들어한다고 걱정스러운 표정으로 말했다.

"오늘 아침에는 내가 아내에게 무슨 말을 건네었는데 순간 잘
못 알아듣더라고. 그러고는 갑자기 슬픈 표정으로 이렇게 말
하지 뭐야. '내가 도움이 되지 않는 것 같고 당신을 힘들게만
하는 것 같아요.'"

그녀는 몸이 힘들다 보니 작은 일에도 마음에 가시가 뾰족하
게 돋아났고, 자기도 모르게 스스로를 할퀴고 있었던 것이다.
예전과는 다른 자신의 모습이 혹여 짐이 되지 않을까 하는 미
안함과 함께 자기 가치를 상실한 기분을 느꼈으리라.

살다 보면 그런 날이 있다. 사소한 일에도 내가 참 보잘것없이
느껴져 눈물이 나는 그런 날.

아내의 말에 마음이 아팠던 아저씨는 출근 전 그녀를 다독거
리며, "그런 게 아니에요. 당신이 우리 가정과 내 삶에 도움이
많이 되어요."라고 말해 주었다고 한다.

그 다독임의 목소리 속에 긴 세월 속 부부의 사랑이 느껴졌다. 삶의 무게를 함께 이고 가며 서로를 의지하는, 그리고 측은해 하는 깊은 사랑.

삶이 나를 바닥으로 내동댕이치고 고달프게 만들 때가 있다. 그럼에도 함께 있어 줄 누군가가 있다면, 당신은 여전히 가치 있는 사람이라고 말해 줄 단 한 사람이 있다면 퍽 괜찮은 인 생인 것 같다.

아홉 살 소녀

아홉 살 소녀가 과자를 먹다가 갑자기 내게 말했다.
"선생님, 저 질문이 있어요."
"응, 뭔데? 이야기해 봐."
궁금한 표정으로 아이를 바라보았다.
"선생님은요, 목소리가 예뻐요."
아이가 말했고 나는 웃었다. 그러고 나서 소녀는 다시 조용히
과자를 먹기 시작했다.

질문하겠다는 소녀에게서 어떠한 물음도 듣지 못한 걸 깨닫
고는 5초쯤 기다리다가, "그런데 질문이 뭐니?" 하고 되물었
다. 아이는 잠시 당황한 표정을 짓더니 이어서, "선생님은 왜
목소리가 예뻐요?" 하고 또랑또랑하게 물었다. 질문을 하고
싶어 하는 소녀의 모습이 너무나 귀여웠다. 옆에 앉은 친구가
"저 질문이 있어요."라고 이야기하며 내게 자주 말을 건네던
그 말투를 따라 한 모양이었다.

대답하기에 앞서 나는 잠시 고민했다. 왜냐하면 나의 목소리가 예쁘다는 생각을 해 본 적이 전혀 없었기 때문이다. 오히려 음이탈이 잘 나는 목소리에 콤플렉스가 있어 이비인후과에 가서 나의 목소리가 이상한 것 같은데 어떻게 고칠 수가 있느냐고 물어본 적도 있었다. 곰곰이 생각해 본 후 얘기해 주었다.

"말을 할 때 웃으면서 이야기하면 목소리도 함께 웃게 돼요."

아이는 "아, 그렇구나!" 하고 다시 과자를 먹으면서 생글생글 미소를 지었다.

그렇다. 목소리에는 항상 감정이 실린다.

말하는 이의 목소리 속에 숨은 감정이 긍정적인지 부정적인지는 아이든 어른이든 누구나 예리하게 감지해 낸다.

고운 목소리를 타고난 게 아닐지라도 친절과 진심을 담으면 예뻐질 수 있나 보다. 어린이의 시선에서 예쁘다는 것은 자신을 아끼고 존중해 주는 것, 사랑스럽게 대하는 말투를 예쁘다고 하는 것이었으리라. 아이가 건네는 순수한 물음에 감동을 받았고, 좋은 말을 들으니 머쓱하면서도 왠지 기뻤다.

사람들을 대할 때 진심 어린 마음을 실어 웃음을 머금은 대화를 하는 것이 중요한 것 같다.

아이의 한마디는 가슴을 녹여 준다.

기쁨을 주는 업

누군가에게 기쁨을 선물하는 일.
그런 일을 업으로 삼은 사람들을 존경한다!

잠에서 덜 깬 손님에게 모닝커피를 만들어 주는 바리스타,
머리를 예쁘게 손질해 주는 헤어 아티스트,
매끼 맛있는 밥을 만들어 주는 식당의 요리사,
손톱 위에 예술을 선사해 주는 네일 아티스트,
좋은 곡을 선사해 귀를 즐겁게 만들며 위안을 주는 뮤지션,
어딘가로 향하는 사람들을 편안하게 이동시켜 주는 기사님,
불편한 일이 있을 때 친절하게 설명해 주는 고객센터 직원,
아이들을 올바른 길로 인도하기 위해 노력하는 선생님,
이외에 수없이 많은 타인을 이롭게 해 주는 사람들.

그들이 없었다면 이런 기쁨과 편안함을 누리지 못했을 텐데,
어쩌면 너무나 당연해서 고마움을 잊고 살았는지도 모른다.

내일은 잊지 말고 감사함을 표현해 봐야지.
평범한 우리네에 의해 이 세상은 살 만한 곳이 된다.

활짝 핀 해바라기처럼 화사하게 맞아 주는 사람들,
세상을 밝혀 주어 고맙습니다.

덴마크 사람들의 행복 습관

우리는 각자 아주 유일하고도 독특한 자기만의 삶의 노래를 부르고 있다. 삶이라는 노래 한 곡 안에서 똑딱똑딱 박자를 맞추며 흘러가는 시간. 지금 이 순간에도 1초씩의 리듬으로 보이지 않는 시간이 흐른다.

우리는 돈으로 무언가를 사기도 하지만 시간을 어딘가에 쏟으며 무언가와 매분 매초 맞바꾸고 있다.
우리는 시간을 가졌다. 가만히 있어도 계속 무언가를 소비하고 있다.

생명의 시간이 저절로 자연스럽게 주어졌기 때문에 자주 잊게 되지만 살아 있다는 것은 돈으로 환산할 수 없을 만큼 귀중하고 존엄한 것이다.
인생의 시간은 길 것만 같지만 생각보다 짧다. 이 생은 단 한 번뿐이므로 유한한 시간을 어디에 소비해야 할지 잘 생각해 보아야 한다.

오늘 나는 나의 소중한 시간을 무엇과 바꾸었을까?

시간의 개념을 인지하면 인생을 사는 것이 단순해진다. 행복한 삶을 바란다면 나의 유한한 시간을 행복과 가능한 한 많이 교환하면 된다. 시간을 잘 사용한다는 것은 무엇보다도 사랑하는 이들과 보내는 행복한 시간을 내 삶 속에 잘 챙기는 것이다.

덴마크는 가장 행복한 나라 1위에 여러 번 뽑힌 나라이다. 그들에게는 '휘게'라는 특별한 시간이 있고, 그것을 매우 소중히 여기는 문화가 있다.
휘게Hygge는 편안함, 따뜻함, 아늑함, 안락함을 뜻하는 덴마크어, 노르웨이어 명사이다. 이는 사랑하는 가족, 친구들과 함께 또는 혼자서 보내는 소박하고 여유로운 시간을 뜻한다.

덴마크 사람들은 휘게를 할 때 양초를 밝히고 따뜻한 포도주와 음식을 먹는다. 특히 양초는 휘게에 늘 빠지지 않고 등장한다. 영롱한 불빛을 바라보면 마음에 여유가 생기고 영혼이 따스해진다. 다시 말해 그들의 행복의 비결은 일과가 끝나고 집으로 돌아왔을 때 자기를 위한 시간, 가족들과 함께하는 시간을 만들 수 있는 삶을 향유하는 것이다.

사랑한다면 기꺼이 시간을 함께 나눌 수 있어야 한다. 나 자신을 사랑한다면 나를 위한 시간을 만들어 주어야 하고, 가족과 친구를 소중히 여긴다면 시간을 내어 함께 눈을 맞추고 대화해야 한다.

충만한 행복함을 느끼는 비결은 단순히 기분 좋은 시간을 내 삶의 중심에 소중히 놓아두는 것이다.

당신은 오늘 시간을 무엇과 바꾸었는가?

사는 게 바쁘다고 자신을 위한 소중한 시간은 안중에도 없었던 것은 아닐까?

소박한 삶의 여유, 휘게와 같은 시간을 당신은 충분히 향유하고 있는가?

자아 존중감을 갖고 살아가려면

많은 것들이 인생을 좌우하지만 그중 특히 중요한 것은 주변 사람들이다. 어린 시절에는 스스로 결정할 수 있는 것에 한계가 있었다. 내가 살아갈 동네, 이웃, 가족들은 태어나는 순간부터 정해져 눈앞에 펼쳐진다. 어떤 선택의 여지가 없이 이미 결정된 삶 속에다 인생의 첫발을 내딛는 것이다. 바로 코앞에 펼쳐진 세상이 무엇인지 배우며 아웅다웅 살아가게 된다.

사람들의 눈빛, 믿음, 오고 가는 말들 속에 아이의 정신은 성장한다. 세상에 태어나 처음 마주하는 사람인 가족들은 자아 존중감을 가득 채워 줄 수도 있지만 반대로 텅텅 비워 버릴 수도 있다. 운이 좋으면 따스한 환경과 자존감을 높여 주는 좋은 가족의 울타리에서 안전하게 성장할 수 있지만, 운이 나쁜 경우도 더러 있다.

어릴 때 사랑을 많이 받고 지지받은 경험이 풍부한 아이는 어른이 되어도 자신감 있고 스스로에 대한 존중과 믿음이 크다.

그러나 과한 맹목적 사랑은 아이를 안하무인으로 키워 자기밖에 모르는 이기적인 사람으로 만들기도 한다. 또한 따스한말보다 질책을 더 많이 듣고 자란 아이는 매사에 조심스럽고자신을 사랑하기가 어려우며 스스로의 못난 점이 늘 부각되어 보인다. 작아지는 자신을 바라보는 일은 참 속상하다. 자라온 환경에 의해 자리 잡은 내 안의 자아 존중감은 누구에게나각기 다른 모양으로 존재한다. 지나가 버린 유년기 자체는 바꿀 수 없다.

그러나 스무 살 이후 새로운 기회가 찾아온다. 어른으로서의진짜 삶이 시작되고 자신이 선택할 수 있는 자유의 폭이 넓어진다. 그때부터가 진정한 나를 만들어 갈 수 있는 시기이다.부족했던 자아 존중감을 채워 영혼이 풍요로운 사람이 될 수도 있고, 청소년기까지는 가득히 채워져 있던 동그랗고 빵빵한 자존감의 풍선이 살아가면서 풍파를 겪고 바람 빠진 것마냥 너덜너덜해질 수도 있다.

주위를 돌아보면 어려움을 모르고 아주 많이 사랑받으며 자라난 사람들도 있지만 대부분은 질책을 받고 비교도 당하며그들만의 상처를 조금씩 안고 있다. '너는 너 자신을 사랑하니? 너의 자존감의 크기는 얼마나 돼?'라고 물었을 때 나의 자존감이 아주 높다고 대답하는 사람은 많지 않았다. 두려움이 자신을 갉아먹을 때도 있고 자신감도 파도치는 것처럼 오르락내리락한다고 말한다.

분명한 건, 어른이 된 후에 자신을 향한 사랑과 존중감을 충분히 키울 수 있다는 것이다. 이 얼마나 다행인가. 선택을 할 수 있는 성인이 된 후부터는 정해진 대로 삶을 살 필요가 없으니 자유롭다. 그때 가족이 정해 준 것 혹은 사회적 기준에서 괜찮아 보이는 것만을 좇으면 오히려 자존감이 높던 사람도 점점 떨어진다. 자신을 사랑하기 위해서는 실수하더라도 뭔가를 시도해 볼 기회를 주는 것이 가장 중요하다. 이것저것 해 봐야 내게 맞는 것을 찾을 수가 있고, 좋아하는 것, 재미있는 것, 잘 못하는 것, 안 좋아하는 것도 알아낼 수 있다. 정말 아니다 싶은 길은 가다가 되돌아 나올 용기도 필요하다.

스스로를 믿고 지지해 주면서 다양한 경험을 차곡차곡 쌓아가자. 실패의 쓰라림도 자주 맛볼 테지만, 그럴 때면 자신을 감싸 안고 스스로를 잘 다독여 주자. 가뭄의 단비처럼 고생 끝에 성취를 맛보게 되면, 아주 큰 보람을 느낄 수 있고 자신이 무척이나 자랑스러울 것이다. 그 과정을 통해 자존감도 키우고 자기가 내면에 가진 힘이 무엇인지 알게 되며, 진짜 나다운 인생을 만들어 나갈 수 있는 것이다.

자기애만 높다고 건강한 사람은 아니다. 자기만 우선시하고 오만함으로 타인을 무시하는 사람은 다른 사람들의 자존감을 깎아 먹는 장본인이 된다. 사람들의 행복과 안녕을 빌어 줄 수 있는 넉넉한 자존감이 아름답고 이롭다. 자존감은 이기적인 것이 아니라 이타적인 자존감인 것이 좋다. 나를 사랑하고, 나를 사랑하는 만큼 다른 사람도 사랑해 줄 수 있는 넉넉한 마음이 진정한 자존감이다.

기쁜 소식은, 이제 원하는 대로 선택할 수 있는 것에 인간관계도 포함된다는 것이다. 가능하다면 주변인들을 최대한 좋은 사람들로 채워 나가야 한다. 어쩔 수 없는 인간관계에는 적절히 거리를 두며 자주 만나는 인간관계를 좋은 사람들로 채우자. 만났을 때 긍정의 단어를 많이 쓰는 사람, 세상에 해를 끼치기보다는 도움을 주고 싶어 하는 사람, 그런 사람들 곁에 있을 때는 덩달아 기분이 좋아지고 나도 좋은 사람이 되고 싶어진다. 말과 표정은 곁에 있는 사람을 닮아 가기 마련이다.

대학교 때는 까다로운 조별 과제가 참 많았다. 여럿이 함께 과제를 하고 이런저런 프로젝트를 할 때마다 과정은 힘들어도 즐거움이 꽤 많았다. 아쉽게도 결과가 좋지 않을 때도 있었지만 고생 끝에 낙이 온다고 값진 성과를 얻을 때도 있었는데, 양쪽 모두 과정 자체는 즐거웠다. 긍정의 언어를 많이 쓰는 좋은 친구와 함께였기 때문이다.

청소년 전당에서 청소년 지도사로 일하는 친구가 있다. 그녀는 만나서 근황을 주고받을 때마다 친구들의 이야기를 들어주며 "와, 대단하다. 멋지다!"라는 말을 많이 한다. 그 친구와 함께 있으면 왠지 내가 참 괜찮은 사람이 된 것 같은 기분이 든다. 다른 곳에서 받았던 상처의 말들이 서서히 치유된다. 나뿐만 아니라 다른 사람들에게도 그녀는 그런 사람일 것이다. 그녀의 결혼식이 참 인상 깊었는데, 청소년 전당의 아이들이 축하 공연을 해 주었다. 브루노 마스의 'Marry You' 노래에 맞춰 거대한 인원이 춤을 췄다. 아이들의 눈빛에 그녀를 좋아하고 존경하는 마음이 가득 담겨 있었다. 아이들의 진심 어린 축하를 받으며 그녀는 그때 눈물을 참 많이 흘렸다. 아이들이 나서서 그녀를 위해 공연을 준비하고 영상 편지를 만든 것을 보며 느낄 수 있었다. 분명 그녀는 좋은 친구가 되어 주었던 것처럼, 아이들에게도 좋은 청소년 지도사 선생님일 것이다.

오래된 인연일지라도, 설령 그것이 가족이더라도 만날 때마다 이상하게 기분이 나빠지고 나의 자존감을 갉아먹는 사람이 있다면 거리를 두어야 한다. 그것이 스스로를 지키는 방법이다. 누구에게도 다른 사람의 자존감을 뭉개 버릴 권리는 없다. 삶은 생각보다 길지 않다. 살아가는 동안 타인의 자존감을 높여 주는 사람이 되어 주고 나를 위해 그런 좋은 사람들을 곁에 많이 두어야 한다.

우리는 모두 불완전하다. 세상에 완벽한 사람은 없지만, 긍정적으로 서로를 바라봐 줄 수 있는 사람과 함께라면 '다름'이 서로를 채워 주며 사랑이 가득한 삶을 향유할 수 있다.

그런 사람

수많은 사람들보다는 한 사람에게라도 진정 의미 있는 사람
이 되어 보세요.

마음속에 짙게 물든 그런 사람. 당신에게 그러한 사람들이 있
듯 당신도 누군가에게는 그런 사람이겠죠?

먼 훗날에도 이 마음 잃지 말아요.

모두를 행복하게 하는 재주는 없지만
한 번에 한 명씩
진심과 미소를 나누고 싶어요.

오늘 혹시 누군가에게
짙게 물든 사람이 되어 주었나요?

아버지가 내민 꿀빵

어느 날 차에 올라타자마자 아버지가 동그란 빵 두 개를 내밀었다. 저녁마다 지인들끼리 모여 함께 운동하고 맛있는 음식을 나누어 먹는데, 음식이 남으면 각자 싸 가기도 한다고 하였다. 맛있는 것을 먹으며 딸을 떠올린 당신의 마음이 뭉클했다. 그 동그랗고 촉촉한 빵을 보며 먹먹하고 고마운 마음이 밀려들었다.

말로 섬세한 표현을 하지는 않지만 행위로 사랑을 표현해 주는 우리 아버지.
내가 그에게 드린 사랑보다도, 무뚝뚝한 모양새이지만 받은 사랑이 훨씬 더 많다는 걸 서른이 넘어서야 절실히 느낀다.

철없는 마음에 더 멋진 부모님의 모습을 바라기도 했었다. 나도 완벽한 딸은 못 되면서 말이다. 과거의 힘든 상황에서 부모님이 이렇게 대처해 주었으면 좋았을 텐데 하는 불만과 서운함을 느끼기도 했고, 더 살갑고 따스한 사랑을 받았더라면 내가 더 나은 사람이 되어 있지 않았을까 하는 자기중심적인 생각도 했다.

나이를 먹어 가고 어느덧 부모님이 부모가 되었던 나이를 훌쩍 넘기고 나니, 지금 부모님의 있는 그대로의 모습이 얼마나 감사한 것인가를 뼈저리게 느낀다. 만약 불완전한 내가 아이를 키우게 된다면 완벽하지 못할 것이라는 두려움이 있다. 당신들도 그런 고민을 하며 최선을 다해 자식을 키웠을 것이다. 20년이 넘는 기간을 먹이고 입히고 재우고 키워야 하는 긴 세월. 한 사람을 키워 낸다는 것은 정말 큰 인내와 수고로움이 필요하다.

키워 주신 은혜를 기억하며 살아가야겠다.

밤 공기 속 너와 나

그날 밤은 기분이 좋았다.
밤하늘에 뜬 달과 별이 더할 나위 없이 아름다웠고
그 아래 당신과 내가 손을 잡고 있었다.

이 생에서 그대와 함께일 수 있는 시간이
길었으면 좋겠다는 생각이 들었다.
오래오래 함께이고 싶은 바람을
하늘이 꼭 들어주셨으면 좋겠다.

그건 사랑이다

'누군가의 행복이 곧 자신의 행복이라면, 그건 사랑이다.'라는
글을 읽은 적이 있다. 그렇다면, 누군가의 아픔이 곧 자신의
아픔이라면 그것도 사랑이다.
사랑에는 측은지심과 공감이 담겨 있다. 연인 관계뿐만 아니
라 모든 종류의 사랑에서 말이다.

누군가가 자신을 보고 진심으로 울어 주고 웃어 준다면? 그
사람을 소중히 여기고 자신도 사랑을 베풀어야만 한다. 인생
에서 그런 사람을 만나는 게 쉬운 일이 아니기 때문이다.

누가 나의 기쁨과 슬픔을 기꺼이 함께해 준다면
그는 인생의 은인입니다.

타자와의 연결

사람들은 각자
서로 다른 인생을 살아가고
여러 가지 경험을 하며
각양각색의 지혜를 품고 있다.

그들의 삶 속 보물인 지혜가 녹아든 이야기를
들을 수 있다는 것은 큰 기쁨이다.

오늘도 저에게 마음을 열고 말을 건네준 당신,
감사합니다.
당신과 연결될 수 있도록 손을 내밀어 주어
감사합니다.

영원한 사랑

세상에 영원한 것은 없다.
그것을 알고도 사랑을 시작할 수 있다면,
당신은 용기 있는 사람이다.

끝이 두렵다고 해서
빨갛게 피어나는 가슴속 불꽃을 모른 체하지 말라.
뜨거움을 안고 피어난 사랑이
세상을 지키는 커다란 나무가 될지
다 타 버린 목탄이 될지 알 수 없는 일이다.
설사 목탄이 된다 해도
목탄은 아름다움을 그려 내는 미술 재료가 되거나
연료가 되어 또 다른 곳을 밝힐 수 있다.

그 뜨거움을 끌어안아라.
그리하여 상대방의 세상을 통째로 끌어안고
또 다른 인생을 경험하라.

사랑이란 한 사람이 그의 세계 전체를 가지고
당신에게 다가오는 일이다.

그래서 너와 나의 의미를 알고
깊은 사랑, 서로의 인생을 주고받는 사랑을 하면
새로운 성숙을 얻는다.
스스로를 구원할 수 있는 힘을 얻는다.

내 것을 양보하고 헌신하며 주는 행복을 배우게 된다.
사랑받은 기억으로 더욱 자신감을 얻는다.
따뜻하게 차오른, 자신을 향한 사랑이 넘쳐흘러
이젠 그 물길이 주변에까지 흐르고 닿으며
사랑을 줄 수 있는 힘이 생긴다.
사랑은 이처럼 강하고 아름답고 고맙다.

다만 알아야 한다.
어제의 그대와 오늘의 그대는 다르다는 것.
세상에 변하지 않는 것은 없다.
변화하는 생명체의 의미를 좇아서
물을 주고 햇빛을 쏘여 주고 거름을 주라.
생명체에게 물을 주지 않으면 말라서

결국엔 그 자리에 있던 사랑이 서서히 바스라지고
그는 당신을 떠나게 될 것이다.

어제와 달라진 오늘의 사람을 사랑할 수 있어야 한다.
내일의 그를 사랑하고 모레의 그를 사랑해야
사랑을 오래 지속할 수 있다.

꺼지지 않는 촛불처럼
영원히 시공간을 초월해 함께이고 싶다면
오늘의 빛깔을 알아채 주어야 한다.
그러면 그 사람은 당신의 곁에서
당신을 밝히고 세상을 밝힐 것이다.

영원은 존재하리라 믿는다.
다만 세상에 영원히 똑같이 존재하는 것은 없다.

사랑한다면
매일 새로워지는 상대방을 바라봐 주세요.
목소리에 귀 기울여 주세요.
'난 이미 너에 대해 다 알고 있어.'라고
착각하는 순간 사랑은 끝이 납니다.

사랑하는 그대에게

그대와 함께라면
어디든지 달려갈 수 있을 것만 같아요.
가끔은 터무니없는 내 얘기도
잘 들어 줘서 고마워요.

당신을 새장에 가두어 두기보다는
하늘을 훨훨 날 수 있게 하고 싶어요.

마음껏 날아오르고
쉼이 필요할 때는 언제든 포근한 집으로 돌아와요.
때때로 혼자만의 시간이 필요하다면 기다려 줄게요.
그동안 저도 성숙해지고 있을 거예요.

같이 좋아하는 것은 함께하고
달리 좋아하는 것은 각자 열심히 하도록 장려하는 사이,
그 적당한 거리가 좋아요.

반짝이는 강물처럼

산 아래 강물이 흐른다.
연노란빛 찬란한 하늘이 물에 비쳐 흐른다.
반짝반짝 세상에서 가장 아름다운 보석이 수백 개가 되었다.
고요함 속에 반짝임이 넘실댄다.
가슴속에 행복이 넘실댄다.

평화 속에 기쁨을 만끽하며 살아도 괜찮다.
당신이 느끼는 행복이 전파되어
주변인들을 밝혀 주기 때문이다.

햇살 비추는 널따란 강과 같은 눈빛을 갖고
물줄기를 타고 멀리멀리 나아가자.
자신의 길을 따라 물방울이 순리대로 퍼져 나간다.
물방울은 각각의 개성을 가진 고귀한 존재들
모두 하나가 되어 세상을 뒤덮는다.
모두는 하나이다.

하늘, 바람, 햇살을 느낄 수 있는 하루가
너무나도 귀중합니다.
햇살 좋은 오후 강가를 거니는데
반짝이는 수백 개의 보석이
눈앞에 한가득 펼쳐졌어요.
당신은 빛나는 사람입니다.
반짝이는 강물처럼 살아 봐요.
멀리멀리 흘러가세요.

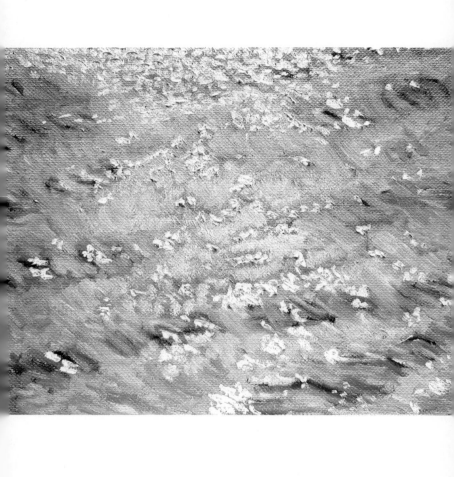

여름날의 길목에 서서

봄이 완연히 무르익어 곧 초록의 푸름이 짙은 여름을 맞을 참
나였다. 각양각색 휘황찬란한 꽃들을 피워 낸 봄은 서서히 저
물어 가고 있다. 조용하지만 부지런하게 봄의 연둣빛 싹을 틔
워 냈던 나무들의 녹음이 벌써 꽤 짙어졌다. 6월이 다가오고
있었다.

도서관에 가기 위해 버스 정류장에서 211번 버스를 기다리고
있었다. 왠지 그늘 속 벤치에 앉아 있기보다는 햇볕 아래 서
있고 싶었다. 두 다리를 세우고 가방 한가득 짐을 채운 채 서
있노라니 무게가 그대로 전달되어 새삼스럽게 내 다리가 지
탱하고 있는 나의 무게가 묵직하게 느껴졌다. 그러고 보니 최
근에는 아무것도 하지 않고 가만히 서서 그 에너지를 느껴 본
시간이 거의 없었다. 어디론가 향하며 서둘러 걷거나, 뛰거나,
아니면 분주하게 무언가를 하고 있었다. 가만히 서서 햇살의
기운을 느끼고 나의 존재를 느껴 본 게 얼마 만이었던가.

정말 평범한 순간이었지만 언젠가 이때가 굉장히 그리워질 것이라는 확신이 들었다. 미래의 어느 날에는 분명 이렇게 꼿꼿이 몸을 세워 대지에 발을 딛고 서 있지 못하는 순간이 올 수도 있겠지. 누군가의 도움 없이도 가고 싶은 곳으로 향할 수 있는 발걸음이 무척이나 그리워지는 순간이 오겠지. 하지만 그때도 최선을 다해 내가 할 수 있는 일들을 스스로 해내고 싶다는 생각이 들었다.

스무 살을 갓 넘긴 즈음 친구네 집에 놀러 갔을 때의 일이다. 친구의 할머니께 인사를 드리니 무척이나 반겨 주셨다. 할머니는 팔다리가 매우 가녀렸고 연세가 지긋하셨다. 방에서 나오시더니 비닐 포장이 된 알약을 꺼내려 하는데 한참을 애쓰시는 모습이었다. 도움을 드리고 싶어 "제가 해 드릴까요?" 하는데 친구의 어머니께서 "스스로 하시게 두렴."이라고 말씀하셨다. 할머니는 꽤 오랜 시간이 걸려 비닐 껍질을 뜯어내고 알약을 꺼내었다.

그날의 일은 왠지 머릿속에 잊히지 않고 새겨져 있었는데 오늘에서야 무얼 의미하는지 알 것 같았다. 스스로 할 수 있는 것들이 있다는 것은 행복이고 그것이 자유라는 것을! 그 자유를 지켜 주는 것이 아껴 주는 방법이라는 것을.

언젠가 노쇠해져 힘이 없어지더라도 글을 쓰고 그림을 그리고 싶다. 그리고 오래오래 강아지에게 밥을 챙겨 주고 화분의 식물들에게 물을 주고 싶다. 그렇게 자유롭게 살 수 있었으면 한다.

엄마와의 산책

어릴 적 가장 호화로운 외식은 가족들이 다 함께 소고기를 구워 먹는 일이었다. 대부분의 날은 돼지고기를 먹었지만 가끔 소고기를 시켜 먹기도 했다. 그야말로 횡재하는 날이었다. 마지막에 갈비를 뜯어 먹을 것이 얼마나 기대됐던지, 얼마나 맛있었던지 기억이 난다. 어린아이의 눈에 소고기는 그런 의미였다. 좋은 날 귀한 이를 특별히 대접하는 음식.

그래서일까. 어른이 되어 독립하고 경제적 여유가 생기면 꼭하고 싶었던 일은, 분위기 좋은 레스토랑에 어머니를 모시고가 소고기 스테이크를 사 드리는 것이었다.

어느덧 딸은 30대가 되고 어머니는 50대가 되었다. 마침내 내게도 좋은 날 레스토랑에서 스테이크를 사 먹을 수 있는 여유가 생겼다. 어머니가 칼질하는 모습에 기분이 무척 좋았다.

밥을 거하게 먹고 배가 불러 강가 공원에서 산책을 했다. 단둘

이 경치 좋은 곳을 거닌 것이 얼마 만인지. 노오란 꽃과 보랏빛 꽃이 들판을 수놓았다. 길을 걸으며 어머니가 말하였다.

"이건 들딸기 나무이고 이건 무궁화나무야. 여기 산딸기나무도 있네! 이건 엄마 어릴 적 길거리 간식이야. 찔레꽃인데 친구들과 놀다가 배가 고파지면 줄기를 따 먹고는 했어."

"에이, 이걸 어떻게 먹어. 진짜 먹어도 돼요? 안 죽어요?"

나는 의심을 가득 담아 장난스러운 눈빛으로 말했다.

어머니는 한 줄기를 꺾어 겉껍질을 벗기고 속의 부드러운 줄기를 입에 넣어 주었다. 그 맛은 풀 내음 가득한 자연을 한가득 머금은 듯했고 입안에 오래도록 잔향이 감돌았다.

또 길을 한참 걷다가 이번에는 또 다른 것을 발견했다.

"어, 이거 뽕나무네. 아직 오돌깨(오디의 방언)가 제대로 여물지 않았어. 이것도 어릴 때 먹었던 건데."

나는 호기심이 생겨 물었다.

"정말? 이거 먹어도 괜찮은 거 맞죠?"

바로 하나를 따 먹어 보니 은근하게 달콤한 맛이 났다.

나는 전혀 모르는 식물들의 이름을 아는 어머니가 너무나 신기하여 도대체 이런 식물들을 어떻게 아는 거냐고 물으니, "그냥 알지." 하고 대답하셨다.

그냥 알고 있다는 것.

내게는 너무나 생경한 것들이 그녀에게는 당연히 아는 것들이라는 사실에 기분이 묘해졌다. 그러면 내가 그냥 알고 있는 것들은 무엇이 있을까. 당연하게 알고 다음 세대에 전해 줄 수 있는 것들이 과연 있을까 생각해 보았다.

사랑의 의미

아무리 지혜로워도
홀로는 도저히 알 수 없는 것들이 있다.
다가온 사랑은 무지를 일깨우고 가르침을 준다.

스스로의 힘만으로는
도저히 열 수 없는 것들이 있다.
다가온 사랑은 그 문을 열게 해 준다.
이해할 수 없는 것들조차 이해하게 되는 자신을 본다.
다가온 사랑은 성숙의 길을 열어 준다.

애쓰고 애써도 막을 수 없는 것들이 있다.
저멀리 멀어져 가는 사랑은 받아들임을 배우게 한다.
여러 가지 까닭으로 작별하게 되었을 때
멀어져 가는 사랑은
시공간을 초월한 세상을 느끼게 해 준다.

곁에 없어도 사랑한 시간의 기억은 남아 있다.
온기로 감싸진 그 순간들은
과거의 언저리에 앉아 따스하게 나를 지켜봐 준다.

사라져도 사라지지 않는 것들이 있다.
살아갈 힘이 되고 인내할 힘이 되며
내어 줄 수 있는 넉넉함이 되어
가슴이 한 뼘 자란다.

시간은 결국 이 생의 인연을
끝내고 말겠지요.
생의 끝에서도 사랑하고 사랑받았던
기억만큼은 가슴속에 살아
숨 쉴 거예요.
물리적인 이별도 막을 수 없는
강렬하고 따뜻한 기억이
내 안에 영원히 존재할 거예요.

반짝이는 별을 헤며 밤사이로 걷기

아무도 모르는
어둠속에서도
별은 빛나고

생명의 탄생

귀엽게만 보이는 노오란 병아리는
바깥세상으로 나오기 위해
홀로 온 힘을 다해 딱딱한 껍데기를 깨어 밀어내고
10시간 동안 몸부림을 치며 외로운 사투를 벌인다.
온 힘을 다하고는 기진맥진하여 한참 쉬길 반복한다.

작은 손발과 부서질 것처럼 연약해 보이는
여린 뼈를 가진 아기는
어미의 자궁에서 산도를 빠져나올 때
두개골과 몸이 짓눌리고 일그러지는 고통을 겪으며
이 세상에 태어난다.
세상으로 나오기 위한 첫 번째 관문은
고통을 이겨 내는 것의 문제였다.

이렇듯 지독히도 아픈 시간을 견딘 후에는
새로운 생명의 씨앗이 발아한다.

성장을 위한 고통의 순간에서 도망치지 않고
받아들이고 이겨 낸다면
새로운 자신이 탄생한다.

역경을 이겨 내고 더 큰 내가 된 순간
기쁨의 눈물을 흘렸다.
무의미한 시간이 아니었다는 것을
깨달았기 때문이다.

그러한 시간을 인생에서 보낸 적이 있다면
충분히 자랑스러운 일이다.
그리고 더 단단해진 자신으로 살아가면 좋겠다.

부부의 영상 통화

속초로 여행을 떠났다.

시내버스를 타고 한참을 달리는데 창밖으로 넓게 펼쳐진 바다가 보였다. "우와!" 하는 탄성이 절로 나왔다.

동네를 달리는 시내버스를 타고 이동하면서 이런 멋진 풍경을 일상 속에서 쉽게 볼 수 있다는 것이 놀라웠다. 가만히 창밖을 바라보며 생각에 잠기고, 또 바깥 풍경을 구경하며 평온한 침묵의 시간을 보내고 있었다.

그때 갑자기 한 아주머니의 분주한 움직임이 시선 언저리에 들어왔다. 그녀는 휴대폰 화면을 들여다보며 조용하지만 크게 웃고 있었고 손을 연신 바삐 움직이고 있었다. 휴대폰 화면 너머로 남편으로 추정되는 한 남자가 보였다. 화면 속 그의 표정도 매우 밝았다. 자세히 보니 부부는 수화로 영상 통화를 하고 있었다.

영상 통화가 발명된 것이 뭐 그리 쓸모가 있겠냐는 생각을 한 적이 있다. 걸려 왔을 때 거절하기도 애매하고 사생활을 시각적으로 드러내 보여야 하는 귀찮은 기능이 아닐까 하는 부정적인 생각을 하고 있었다. 내게는 있어도 그만, 없어도 그만이라고 생각했던 존재. 그것이 누군가에게는 절대 불가능하다고 생각했던 것을 가능하게 만들어 준 것이었다.

바로 '물리적으로 떨어져 있어도 어디서든 서로를 느끼며 통화할 수 있는 자유'이다.

행복한 표정으로 적극적으로 대화를 주고받으며 통화하는 부부의 모습이 아름다웠다. 과학 문명의 발전이 이토록 이로울 수 있는지 몸소 깨달은 날이다. 그리고 편협했던 사고에 대한 부끄러운 반성과 함께, 나도 누군가에게 이로운 것을 만들어 내는 사람이 되고 싶다는 생각을 해 보았다.

자연이 최고의 예술이다

유명한 화가들의 명작을 감상할 때면 어떻게 이렇게 표현해 냈을까 감탄을 자아내는 작품들이 가득하다.

아름다운 경치, 시장의 풍경, 땀 흘리며 노동하는 모습, 심지어 누군가의 벗은 모습도 종이 위에 담기면 예술이 된다. 사계절을 배경으로 한 그림은 또 얼마나 많은가.

'캔버스 위에 그려진 모습은 왜 더 의미 있어지는 것일까?'라는 의문이 들었다.

스쳐 지나가는 삶의 풍경, 매일 뜨고 지는 해와 달. 실은 그것들을 화폭에 옮겨 담았을 뿐인데 예술 작품은 큰 가치가 매겨진다.

그렇다면 모방을 당한 하늘과 바람, 산과 바다, 들과 꽃들의 가치는 얼마나 되는 것일까? 수억, 수조로도 헤아릴 수 없을 만큼 귀한 가치일 것이다.

그것들을 매일 공짜로 바라보고 느끼고 있다면 가만히 있어도 이 세상에게 무언가를 받고 있는 것이다.

얼마나 많은 것들을 누리며 살아가고 있는지 생각해 볼 필요가 있다. 그리고 사람들이 주고받는 마음, 매일의 일과 삶, 당신 그 자체가 예술이라는 것도.

그것을 깨우치게 도와주려고 예술가들은 그림을 그리고 음악을 만들고 노래하며 인생의 찰나를 연기한다.

예술 작품에는 우리 삶의 풍경에
한 인간의 노력이 덧입혀 있습니다.
그 두 가지가 매우 사랑스러운 거죠.

삶이 있는 곳에 예술이 있습니다.
당신의 모든 하루와 삶이 예술이 됩니다.
Where there is life, there is an art.

고깃집 할아버지 사장님

늦은 시각에 일을 마치고 시장기가 있어 밤 11시쯤 시내에 있는 고깃집으로 향했다. 도톰하게 구워진 고기와 함께 구수한 된장찌개, 따스한 밥을 먹고 싶었다. 있는 힘, 없는 힘을 짜내어 일을 해내려면 밥이 힘이고 밑천이었다.

문을 열고 들어서서 문 바로 앞자리에 앉을까 고민하던 순간, 머리가 희끗희끗하고 은테 안경을 낀 70대 정도 되어 보이는 할아버지가 앞치마를 두른 채 멀리서 다가오며 손짓을 했다.
"거기는 추워요. 여기로 와. 여기가 따뜻해."
밤바람이 꽤 쌀쌀했던 날이었는데 할아버지의 한마디가 참 고마워서 가슴이 따뜻해졌다.

그는 주문을 받고 민첩하게 가게 내부를 돌아다니며 부산하게 일했다. 일사천리로 내공 있게 일하는 그의 모습이 멋있었다. 조금 후 할아버지는 고기 구울 숯을 날라 와 화로에 넣고는 이렇게 말했다.

"불이 참 예쁘죠? 불은 에너지를 가지고 있어."

그 말에 자세히 보지 않았던 숯을 한번 바라보았다.

빨갛게 달궈진 숯이 처음으로 예뻐 보였다. 고기 구울 숯이 예쁘다니, 숯의 존재를 한 번 더 생각해 보고 웃게 해 주는 한마디였다. 불은 자신을 어여삐 봐주어서 그런지 더욱 활활 타올랐다. 그날 고기 구운 저녁상은 다른 어떤 날보다 더 맛있고 든든하게 느껴졌다.

정감 있는 말 몇 마디로 세상살이에 까칠했던 마음이 녹고 온정을 느낀 밤. 오고 가는 말들 속에서 많은 말을 하는 것이 중요한 게 아니라, 한마디를 하더라도 애정을 담는 것이 사람을 치유하는 방법이다.

무뚝뚝하지만 단지 몇 마디에도 마음의 깊이가 실린 말 덕분에 포근하게 배도 채우고 마음의 공허감도 채운 밤이었다.

길가의 꽃송이

어느 날 외출을 하려고 집에서 나오다가 또렷한 진분홍 꽃이 아주 커다랗게 피어 있는 것을 발견했다.
늘 지나가던 길목의 하수구 옆 시멘트 바닥 위에서 얕은 흙에 의지해 꽃 한 송이가 피어난 것이다.

'그 조그만 틈 사이로 뿌리를 내리고 싹을 틔워 네가 자라났구나!'

그곳은 냄새나는 하수구 옆이라 사람들이 발길을 잘 주지 않는 곳이었다. 모두가 더럽다며 피해 다니던 길이라 오히려 들꽃은 짓밟히지 않았고 무사히 줄기를 길게 뻗어 올릴 수 있었던 것이다.

누구도 시선을 주지 않는 더럽고 무관심한 장소에서 아주 조용히 스스로를 키워 내고 있었던 들꽃의 존재. 그 생명력이 경이로웠다.

보이지 않는 곳에서 말없이 숨어 있는 들꽃 같은 사람들, 자신의 존재를 증명하기 위해 매일 자기와의 싸움을 하는 사람들. 거기에서 그렇게 애쓰며 보아 주는 이 하나 없이 외롭더라도, 홀로 비 맞고 고군분투하며 하루하루를 살아 내려 한다.

거기에 있는 줄도 몰랐던 녀석이 아름다운 꽃을 피워 낸 것처럼 당신도 언젠가 꽃을 피우게 될 것이다. 그러면 누군가 당신의 존재를 알아차릴 것이다. 진가를 발견할 테다. 단 한 명이라도 괜찮다. 숫자보다는 진심의 깊이가 중요한 거니까.

분명 거기에 당신이 뿌리 내리고 자리 잡고 있다. 그러니까 그 아름다운 당신만의 꽃을 피워 내어 꿈을 실현할 때까지 조금만 더 자신을 믿고 나아가 주었으면 한다.

어디에선가 날아온 씨앗이 척박한 환경에서도
굴하지 않고 꽃을 피워 냅니다.
자신을 피워 내기 위해 애쓰는 당신도
예쁜 꽃으로 피어날 거예요.

감동의 습관

영화 〈너의 이름은〉 속의 여주인공 미츠하와 두 친구는 시골 마을에 살고 있다. 그녀는 이 마을이 갈 곳도 할 일도 없는 조용한 곳이라 줄곧 생각해 왔다. 미츠하는 지긋지긋한 자신의 동네가 싫고 이런 인생도 싫다고 외친다. 그래서 학교를 졸업하면 꼭 떠나고 말겠다고 다짐한다. 미츠하가 살고 있는 이토모리 마을은 특이한 지형을 가진 곳이다. 천 년도 더 전에 운석이 떨어져서 자연적으로 둥근 호수가 생겨났다. 사방이 산으로 둘러싸인 분지에 반짝이는 청초한 호수가 널따랗게 펼쳐져 있다. 마을을 보는 사람으로 하여금 형언할 수 없는 원초적 자연의 아름다움을 느끼게 한다.

그러나 정작 그곳에 살고 있는 주인공과 두 친구는 그것을 보지 못하고 있었다. 그저 조용하고 지루한 별 볼 일 없는 동네일뿐이었다. 익숙함이 눈을 가린 것이다.

역설적이게도 영화 속 풍경을 보던 관객들은 감상에 젖어 꿈처럼 아름다운 그 마을로 한 번쯤 떠나 보고 싶다고 생각했을 것이다. 그곳은 누구나 꿈꿀 만한 아름다운 경치와 맑은 공기를 지닌 여행지로 손색이 없었다. 사람들은 자기도 모르는 사이 익숙한 것에는 시큰둥해진다. 매일 만나는 사람들, 매일 걷는 길거리가 그저 친숙한 것이 되어 그 가치를 몰라보곤 한다. 그러나 여행을 떠나면 놀라울 일이 참 많다.

여행이 감동적인 이유는 여행을 떠나서야 비로소 느리게 흘러가는 시간을 느끼고, 지나가는 사람들의 작은 친절과 대화 속에 사랑을 느끼고, 노을이 이토록 아름다웠음을 깨닫게 되기 때문이다. 사실 대부분은 평범한 매일 속에서도 충분히 느낄 수 있는 것들이다. 그것을 느낄 감각을 되살리기만 한다면 말이다.

매일같이 변화하는 하늘과 날씨와 주변의 모습을 돌아볼 여유를 가지며, 감동은 '지금 여기에' 있다는 걸, 바로 당신 뒤에 놓인 오늘의 풍경 속에 숨어 있다는 걸 잊지 말자.

익숙함이 주는 가림막에 속지 않고 감동하는 법을 습관으로 만든다면, 동심을 가진 아이처럼 일상을 여행하며 살 수 있다. 감동하는 법이 습관이 되면 행복해진다.

당신의 세상이 얼마나 아름다운지
놓치고 있던 것은 아닐까요?
주변을 둘러봐 주세요.
당신의 눈길을 그곳으로 보내 주세요.
죽어 있던 것들이 되살아나 당신을 반길 거예요.

미운 오리 새끼

초등학교 때 동화를 즐겨 읽었다. 그중 '미운 오리 새끼'를 읽으며 내가 미운 오리 새끼를 닮았다는 생각을 했다. 못나고 멋지게 행동하지도 못하고 때로는 소심해져 생각이 많았던 나.

내가 한 행동이 바보같이 비치진 않았을지 걱정을 하고 아이답게 굴기가 무척이나 두려웠던, 어른스러운 척하던 어린아이였다.

미운 오리 새끼는 크면서 못생겼다고 놀림을 많이 받았다. 덩치가 크고 무리와 다르게 생겨 무시당하고 형제들에게 괴롭힘을 당했다. 울면서 집을 뛰쳐나와 외롭게 다니다가 다행히 어느 할머니의 오두막집에서 지내게 되는데 거기에서도 삶이 녹록지 않았다. 집에 머물던 고양이와 닭이 오리를 미워하여 못살게 굴었다.

또다시 집을 나온 오리는 어느 날 연못에서 한 새의 무리를 보게 되는데 그들의 아름다운 모습을 부러워한다. 그리고 추운 겨울, 죽을 고비를 넘기며 혹독하고 외롭게 버텨 냈다.

봄이 왔을 때 왠지 날갯죽지가 뻐근해 날개를 쫙 펼쳐 보던 오리는 우연히 자신이 날 수 있다는 것을 알게 되었다. 그리고 연못에 비친 모습을 보고는 자신이 백조였다는 것을 깨닫는다. 자신이 동경하던 바로 그 새의 모습이었던 것이다. 그때 오리는 자신의 참모습을 알게 되어 행복을 느낀다.

겉으로는 괜찮은 척하고 있었지만 속으론 슬픈 날들이 많았던 어린 시절, 마음속에는 씩씩한 척하는 주눅 든 자아가 자리 잡고 있었다. 하지만 언젠가는 나도 아름다운 백조 같은 사람이 되고 싶었다. 어른이 된 지금, 애쓴 덕에 자존감도 자신감도 꽤 생겨났지만 여전히 삶의 무게에 휘청거리고 있다. 그러나 백조가 될 수 있다는 사실은 잊지 않는다.

우리 모두는 다르게 생겼고 각기 다른 자아를 가지고 있다. 그러나 결코 미운 오리가 아니다. 그동안 미운 오리 취급을 받아 왔을지라도 분명 자신만의 백조를 탄생시킬 수 있다.

흑백의 세상

모든 인간의 내면에 선과 악이 공존하는 것처럼
세상이 흑백인 것도 당연한 이치이다.
이 세상은 부조리도 있고 나쁜 제도들이 존재하며,
부정을 일삼는 사람들도 있다.
그와 동시에
좋은 사람, 옳은 일과 선행을 하는 이들,
세상을 밝게 만들기 위해 노력하는 사람과 시스템이 있다.
둘은 공존하는 것이다.
후자의 사람들과 시스템이 늘어날수록 세상은 밝아질 것이다.

맑게 살자.
맑게 살며 사람들의 마음속에
예쁜 꽃을 하나씩 심어 주자.
하루에 한 명이라도 행복을 나누어 주다 보면
그 행복이 또 다른 이들에게 이어져 순환될 것이다.
그리하여 내가 사랑하는 이들에게도 닿을 것이다.

사람을 통해 좋은 마음과 행복을 얻어 본 이들은
선의를 믿고, 희망을 믿고, 정의를 믿게 될 것이다.

그렇게 살아가자.
동네 길거리에 놓인 돌멩이를 길가로 치워 주는 일,
오늘 만난 이들에게 좋은 말을 건네는 일,
삶이라는 길을 걸어가다 돌부리에 걸려 넘어져
잠시 다친 이들의 마음을 돌보아 주는 일,
그들의 이야기에 귀 기울이는 일,
도시에 쓰레기를 함부로 버리지 않고
그 방식을 아이들에게 가르쳐 주는 일,
나라의 발전을 위해 정치에 참여하는 일.
적은 돈이라도 이웃과 세계에 기부하는 일,
지구를 위해 물과 에너지를 아껴 쓰고 재활용 하는 일.
자연을 사랑하고 생명들과 대화하는 일.
이런 일들을 행하며 살아가자.

이로 인해 세상에 흰 빛깔을 더하고
나의 영혼까지 맑게 만든다면
충분히 가치 있는 일이다.

인생의 진실을 알고도 그것을 사랑하는 것,
인간의 고귀한 선함과 악한 밑바닥의 양면을
모두 알고도 사람의 존재를 귀히 여기는 것,
수많은 어둠의 밤을 보내고도
한 줄기 빛에서 희망을 발견하는 것,
그 지점에서부터 모든 것이
원점으로 돌아가고 진정한 용기가 나온다.

우리 집

새로운 곳에 가서
보고 느끼고 그곳의 냄새를 맡고 오는 건
참 좋은 일이야.

다시 집으로 돌아왔을 때
집과 일상에 대한 감사함을 느낄 수 있어.

큰 가방을 싸 들고 지친 일상에서 벗어나
여행을 떠났다.
푸르른 바다를 눈에 담고
풀숲의 공기를 한껏 마시고
낯선 곳에서 낯선 이들을 바라본다.
어색함과 두려움이 뒤섞인 설렘이 감돌며
가슴속이 간질거린다.

필요한 물건을 바리바리 싸 들고
꽤나 꼼꼼히 챙겨 왔다고 생각했는데도
여러 순간 부족함을 느낀다.
발등이 긁혀 신발에 닿을 때마다 따끔거리는데
당장 사용할 연고와 반창고가 없고
신선해 보이는 새로운 과일이 있어
맛있게 깎아 먹으려 하니 과도가 없다.
잠을 자려 하니 베개가 높고
잠시 외출할 때 숙소 앞에 쓰고 나갈 모자가 없다.

여행이 끝나 갈 즈음에는 집이 참 그리워지고
집에 돌아와서는 그렇게 반가울 수가 없다.
익숙한 곳에서 쉽게쉽게 물건을 찾아 쓸 수 있다.

그동안 너무나 당연해서 지루한 공간이었던 집에게
미안함이 들었다.
이 많은 물건들을 쥐고 있으려니 얼마나 고단할까.
우뚝이 서서 묵묵히 나를 기다려 주는 곳.
집이라는 공간에 미안한 마음 반 고마운 마음 반.

아침 공기

짹짹 새들이 지저귀는 소리
밤의 안개는 풀잎에 이슬만 남기고 사라졌다.
간밤의 기운이 남아 선선함이 감돌고
해가 동쪽에 발그레 피어올라
반갑게 아침 인사를 하는 듯하다.

길가 화단 쪽을 걸으니
코끝에 촉촉한 풀 내음이 감돈다.
각자의 목적지로 분주하게 움직이는 사람들
아침의 소리는 푸릇푸릇하면서도 빠릿빠릿하다.
새 하루의 공기를 상쾌하게 깊숙이 들이마셔 보고는
한 발 한 발 오늘을 시작해 나간다.

바다와 나그네

둥실둥실 바다 위에 떠올라
어화둥둥.

바다에 누워 바라본 하늘은
강렬한 햇살과
거침없는 푸르름이었다.

드넓은 바다와 광활한 하늘을 보며
작아지는 나의 존재를 느껴 본다.
나는 그저 지구라는 행성에 잠시 머물다
스쳐 가는 나그네 같은 한 생명.

바다에 누워 가만히 하늘을 바라보니
자연과 일체가 되는 것 같았어요.
드넓은 자연에 비하면 나는 참 작은 존재입니다.
겸허한 마음으로 자연을 존경합니다.

인간관계

왜 어떤 날에는 나를 힘들게 했던 사람들만 커다랗게 보이는 걸까?

하루의 관계 속에서 배려하는 좋은 만남이 훨씬 많았을 텐데 딱 한두 명의 날 선 말에, 무례한 행동에 큰 타격을 받는다. 돌이켜 보니 소수는 무례했고 다수는 선량했다.

배려해 주는 사람들. 그들은 조용해서 어떻게 도움을 줬는지조차 잊힐 때가 많다. 그러나 그 편안함은 그냥 오는 것이 아니라 상대방의 배려 덕분이라는 걸 잊지 말아야 한다. 묵묵한 배려를 가진 사람들에게 더욱 감사한 마음이 생긴다.

오늘만 해도 버스 기사 아저씨의 배려로 편안하게 직장에 도착했고, 친절한 미소로 맞아 준 식당 아주머니의 상냥함으로 기분 좋게 맛있는 밥을 먹었으며, 잘 모르는 것을 질문하니 자신의 시간을 할애하여 정성껏 설명해 주는 사람이 있었다.

다양한 사람들과 마주하는 하루 속에서 나의 영혼을 살리고 지지해 주는 고마운 이들을 쏙쏙 찾아내는 연습이 필요하다. 그 습관을 가지면 아름다운 사람들을 발견하게 되고 세상은 살 만해지는 것 같다.

때로는 사람 때문에 지치기도 하지만 결국에는 사람으로 치유 받는다. 좋은 사람들이 주변에 존재함을 감사하며 그들이 고요히 빛나고 있음을 잊지 말자.

또한 '나부터 좋은 사람이었던가. 혹은 무례한 사람은 아니었는가.'를 생각해 보며 다음번에는 타인에게 조금 더 나은 사람이 되어 보아야겠다.

존중받기 위해서는 먼저 존중할 줄 알아야 한다.

오후의 하늘

점심시간은 평일 낮 중 유일하게 먼 곳을 응시하는 시간이다. 코앞에 놓인 문제들을 해결하기 위해, 업무를 잘 해내기 위해 애쓰는 것을 잠시 멈추고 온전히 저 먼 하늘과 산과 배경을 바라보는 시간.

매일 오후 빼먹지 않는 것은 그날의 하늘을 올려다보는 일이다. 그 아름다움을 단 10초라도 바라볼 수 있는 하루를 보내고자 노력한다. 적어도 그동안에는 오늘 처리해야 할 일, 생활 속의 걱정 따위는 잊고 그저 멍하게 하늘을 마주한다. 그 시간이 영혼을 평온하게 다독여 준다.

매번 다양한 풍경을 본다.
구름 사이로 햇빛이 살짝 비쳐 나오는 그 찰나의 순간, 원색의 유화 물감 같이 높고 푸른 하늘, 뭉게뭉게 귀여운 구름이 도화지처럼 펼쳐진 하늘, 파아란 하늘에 하얗게 붓질이 된 듯 여기저기 아름다운 모양을 한 구름들, 비 온 뒤 아직 흐린 하늘과 촉촉한 공기를 머금은 좋은 냄새를 가진 풍경, 잿빛 구름이 저 멀리서 무섭게 다가오는 형세, 회색 구름이 잔뜩 껴 곧 비가 쏟아질 것만 같은 그런 무거운 하늘.

매분 매초 변화해 가며 늘 다른 매력을 가진 하늘은 참 멋지다. 다양한 모습으로 매일 존재하는 이 풍경은 살아 있는 걸작과 같다.

꽃놀이를 할 여유

예전의 나는 꽃놀이를 다니지 않았다. 아주 어린 시절에 꽃놀이를 다녔는지는 잘 생각이 나지 않지만, 자아가 생기기 시작한 중·고등학교 시절, 대학생과 취업 준비생 시절에는 꽃놀이를 전혀 다니지 않았다. 지나가다 보이는 꽃을 보고 '꽃이 피었네. 봄이 왔네.' 정도를 알 따름이었다. 꽃을 보러 다니고 단풍 구경을 하러 가는 것은 시간을 헛되이 쓰는 것이라는 생각을 은연중에 갖고 있었다.

불안했다. 생산적으로 살지 않으면 생산성 없는 어른이 될 것만 같았다. 20대를 살며 만족스러운 일거리를 찾고 자리 잡아야 한다는 생각에 무의미한 시간을 보내지 않으려고 노력했다. 가능한 건설적으로 시간을 보내야 안심이 되었다. 꽃은 그냥 거기에서 피고 지는 것일 뿐이며, 나는 자격증이라도 하나 더 따고, 공인 시험 점수를 올리고, 그럴싸해 보이는 경험치를 늘리는 것이 옳다고 믿었다.

그러던 중 변화가 찾아왔다. 27살 봄 처음으로 벚꽃 축제에 갔다. 당시 남자친구였으며 현재는 나의 남편이 된 그는 삶을 즐기는 여유를 가진 사람이었다. 가고 싶은 곳이 생기면 가고, 보고 싶은 것이 생기면 보러 갔다. 생각만 하고 행동하지 않았던 것들을 함께 하기 시작했다. 그의 제안에 손을 붙잡고 만개한 벚꽃을 보러 갔다. 이후 동네에 유채꽃이 화사하게 폈을 때는 들판으로 산책을 나갔고, 여름 햇볕이 쨍쨍할 때는 해바라기를 보러 갔다. 가을에는 코스모스를 보러 하동으로 향해 드넓은 꽃밭 속을 걸었고, 늦가을에는 익산에서 만개한 국화를 보았다. 예쁜 자연 풍경을 벗 삼아 사진도 많이 찍었다.

돌이켜 보니 꽃구경을 하고 콧바람을 쐬며 지낸 후에도 나의 생산성이 떨어지는 일은 일어나지 않았다. 오히려 세상을 맛보고 자연을 느끼며 살아가니 내면이 풍족하게 채워졌다. 꽃이 피는 것에는 식물 세계의 가상한 노력이 담겨 있다. 꽃이 피는 이유는 무엇일까?

햇살과 빗물을 먹고 자란 식물이 애써 꽃을 피우면 바람과 꿀벌, 새들이 꽃가루를 옮겨 준다. 그렇게 탄생한 씨앗은 어디엔가 자리 잡기 위해 고군분투하게 된다. 그리고 또 발아하기 위해 노력한다. 꽃을 피우는 것은 자연이 돌아가는 이치이고 생태계가 돌아가기 위한 움직임이다. 조용하지만 자연스럽게 자연이 돌아가고 움직이는 것이 경이롭다. 자연이 묵묵히 자기 일을 하고 있기에 세상이 조화롭게 돌아가는 것이다. 이렇듯 인간들만 바쁜 것이 아니라 자연도 조용하지만 분주하게 그들의 시간을 보내고 있었다. 꽃이 달달한 향기를 머금고 아름답게 피어나는 이유는, 자연을 존중해 달라는 무언의 표현이자 더불어 살아가자고 우리에게 건네는 선물이 아닐까?

20대 초반에 따 놓은 각종 자격증과 시험 점수 중에 지금 쓰이고 있는 것은 미미하다. 아등바등 살았던 지난 시간은 불안감을 잠재워 주는 데 도움이 되었다. 그러나 그때는 무언가 놓치고 살았던 것 같다. 일생에서 일과 성취가 엄청나게 큰 부분이라 생각했었다. 각자의 업은 필수 불가결하게 일상의 많은 시간을 채워 갈 요소이지만, 오히려 일만 바라보다 보면 그것에 질려 무기력해질 수 있다. 그렇기에 나들이도 가고 꽃구경도 하는 시간들이 일의 생산성도 높여 주고 한 사람의 창의성도 높여 준다.

이제는 놀기 위해 한 달에 한두 번 근교로 떠나는 발걸음이 무겁지 않다. 휴식을 제대로 취하는 것이 얼마나 중요한 것인지 안다. 게다가 지금 보는 이 꽃은 1년 중 잠깐밖에 볼 수 없는 것이니 참 소중한 시간이다. 내년에도 내가 살아서 이 땅을 밟고 꽃을 바라보고 있을지 확신할 수는 없다. 한 치 앞을 내다볼 수 없는 세상이기에 이 순간이 더욱 소중하다. 계절의 변화를 느끼며 살아가는 여유를 갖게 되어 더없이 행복하다.

강아지와의 동거

밍키와 곰이를 우리 집에 데려와 어느덧 사계절을 세 번이나 함께 보냈다. 강아지들이 와 주어 집에 웃음꽃이 얼마나 많이 피게 되었는지 모른다.

녀석들은 아침저녁 다시 만날 때마다 몇 년 만에 만난 소중한 이를 대하듯 즐거운 표정을 지으며 폴짝거린다. 양반다리를 한 내게 올라와 온몸으로 한참을 부비적부비적거린다. 열과 성을 다해 반겨 주는 것이 어찌나 고마운지 그 모습이 귀여워 웃게 된다. 한참 그러고 나면 또 혼자 놀러 가서는 저 멀리 자리를 잡고 앉아 불러도 오지 않는다. 타고난 밀당꾼인가 보다.

가끔은 두 강아지가 신나게 사고를 쳐서 그 덕분에 우울할 틈이 없다. 이 녀석들이 사고 친 전력을 말하자면,

화장실 앞 발수건에 오줌을 눈다.
선풍기 전선을 두 동강 낸다.

물통을 쏟아 거실을 물바다로 만든다.

소파 위에 똥을 두 덩이 올리고 비벼 놓는다.

장판을 뜯어 회색 콘크리트 바닥을 보여 준다.

서랍을 열어 간식을 다 훔쳐 먹고 토를 한다.

두루마리 휴지를 발견하면 무조건 다 풀어헤쳐 놓는다.

화분의 꽃을 뜯어 거실에서 플라워 샤워 잔치를 벌인다.

1년도 안 된 소파 가죽을 나무와 스펀지가 보이도록 뜯는다.

쓰레기 봉지를 뜯어 모든 쓰레기를 부엌과 거실에 펼친다.

생명체를 키우는 데는 역시 책임이 따른다. 깜찍이가 끔찍이
가 되는 순간들이 있지만, 그래도 사랑한다. 교육을 잘 시켜서
인지 요즘은 사고뭉치들의 사고가 줄었다.

하늘이시여, 감사합니다!

강아지의 눈망울과 숨결은
참으로 사랑스럽습니다.
언제나 나를 바라봐 주는 녀석들을 돌보며
가슴 속에 베푸는 사랑, 주는 사랑의
기쁨이 자라납니다.

질투와 응원 사이의 간극

지향하고자 하는 삶은
부러워하기보다는 응원하는 삶이다.

질투라는 감정은 사람의 본질을 좀먹는다.
질투에 눈이 멀면 그 사람의 흔적을 계속 쫓아다니며
그것만 눈에 보이기 때문에
진정한 나를 바라보지 못한다.
때로는 따라 하는 데서 희열을 느낀다.
그러나 아무리 쫓아간다 한들 그 사람이 될 수 없으므로
끝내는 비참함을 느낄 뿐이다.

각자 가진 기호가 다르고 내면의 울림이 다르다.
이 세상에 똑같은 사람은 아무도 없는 것처럼
진심으로 바라는 내면의 무언가도 모두 다르다.

우리네 주변을 돌아보면
왠지 늘 좋아 보이는 사람이 있다.
자신을 찾아 잠재력을 발휘하는 그들을 보며
시기하고 미워하며 좌절하는 유형이 있고,
'멋진걸! 나도 내 잠재력을 찾겠어.'
하고 불굴의 의지를 다지는 유형이 있다.
후자는 타인을 보며 자신의 못남을 나무라지 않고
나에게도 그들처럼 분명 잠재력이 있음을 확인한다.

그런 사람은 성장한다.
자신만의 세계를 찾아서 구축해 나간다.

나만이 지닌 색을 믿고,
나만이 가진 독특함을 사랑해 보세요.
그리하여 나의 세계를 확장해 나가 보세요.

강아지가 주는 사랑

꼬물꼬물하고 말랑말랑한 강아지의
꼬실꼬실하고 부드러운 털의 감촉이
참 좋다.

맑은 눈망울을 가진 너희를 지켜 주고 싶다.
너희가 베푸는 순수한 사랑 덕에
마음속에 간질간질 아지랑이가 피어오른다.

어린 시절 좋아했던 만화 영화, 장난감, 인형처럼
순백의 사랑을 할 수 있는 우리 사이가
참 감사하다.

목적 없이 그냥 좋아하고 아껴 주고
열렬히 사랑할 대상이 있다는 건
행복이다.

사랑이 주는 것

사랑은 사람을 성장시키고 위대한 일을 하게 만든다.
그런 경험은 이 세상 무엇보다도 소중한 경험이다.
온 세상을 여행하는 것만큼이나 가치 있는 것이다.
사랑한다는 것은 한 사람의 커다란 인생이
내게 통째로 다가오는 것이다.
다른 세계를 온전히 받아들이는 과정이다.
서로를 이해하는 법을 배우고,
다름을 인정하는 법을 배우며 성숙해진다.
자신의 세계에 갇혀 있던 이를 눈뜨게 만든다.
타인이 가진 특질을 온전히 경험하고 배운다.

목숨을 바칠 수 있는 것,
기꺼이 자기를 내어놓을 수 있는 이유는
사랑밖에 없을 것이다.
진짜 사랑한다면 그럴 수 있다.

한 사람에 대한 사랑이 주는 성숙이

더 위대한 사랑을 향해 가게 한다면

세상은 더 풍요로워질 것이다.

사람에 대한 사랑,

나라에 대한 사랑,

환경에 대한 사랑,

그 사랑이 퍼져 나가길 빌어 본다.

어릴 때는 몰랐던 것들

매주 월요일마다 받던 용돈 3,500원
학교 준비물로 산 리코더와 행글라이더
생일에 먹는 미역국과 콩밥
내가 마땅히 누릴 것들인 줄로만 알았다.

서랍장을 열면 가지런히 놓여 있던 속옷과 양말들
차곡차곡 포개진 도톰한 이불들
가끔은 식탁 위에 놓인 달콤하고 쫀득한 빵과 떡
냉장고를 열면 있던 김치와 반찬 그리고 과일들
당연한 줄로만 알았던 집의 편안함은
부모님의 정성과 노력이었다.

어느 것 하나 당신의 손이 닿지 않은 것이 없다는 걸
왜 그땐 몰랐을까.
어른이 되고 독립을 하자 그제야 알기 시작했다.
당연한 건 아무것도 없었다는 걸.

흔들리는 집안 경제에 수많은 날밤 근심하던 부모님
먹고살 걱정이라는 그 고민의 무게를 알지 못했다.
당신들의 젊음과 맞바꾼 노동으로 집을 일구고
안전한 보금자리 품속에 자란 것은 기적이었다.

젊음을 뒤안길로 보내고
주름진 당신의 얼굴을 바라본다.
더 늦기 전에 후회하지 않도록
그들을 더 사랑하며 갚아 나가야겠다고 생각해 본다.
부모님의 시간은 생각보다 빠르게 흐르기 때문에.

극한 상황

태어난 지 3개월쯤 되었을 때 우리 집에 온 강아지 곰이, 그리고 태어난 지 7개월쯤에 우리 집에 오게 된 강아지 밍키.

밍키는 처음에 곰이를 그야말로 투명 강아지 취급했다. 무관심 그 자체. 한창 호기심 많을 나이인 곰이는 그런 밍키의 행동에 전혀 아랑곳하지 않고 그저 함께 놀고 싶어서 누나를 엄청나게 쫓아다녔다. 눈도 마주치지 않고 못 본 체한 지 이틀, 밍키는 곰이가 귀찮았던지 어느 순간 저리 가라고 적대적인 짖음으로 반응을 보이기 시작했다. 곰이는 애달아 하고 밍키는 마음을 받아 주지 않는 상황의 연속. 며칠이 지나도 별로 친해질 기색이 보이지 않아 내심 걱정하고 있었다.

그들이 급속도로 친해진 특별한 계기가 있는데, 그것은 의외의 것이었다. 다름 아닌 진공청소기!

위잉 하는 소리에 놀란 강아지들은 최대한 멀리 구석으로 부리나케 도망쳤다. 난생처음 듣는 진공청소기의 굉음 때문에 귀여운 아기 강아지 두 마리는 마치 괴물을 만난 듯한 공포감에 휩싸였던 것이다. 그리고는 숨어서 얼굴만 빼꼼 내놓고 꼼짝달싹 않고 붙어 있었다. 구석에 숨어서 서로의 체온으로 버팀목이 되어 주고 기댈 수 있게 몸을 내어 주었다. 본의 아니게 진공청소기와 내가 합동하여 악역을 한 셈이었다. 극한 상황에서 서로 의지하고 힘듦을 공유한 경험이 그들을 돈독하게 만들었다.

이제 두 강아지는 따로 놀다가도 꼭 서로의 행방을 살피며 쫓아가곤 한다. 뛰는 모습도 닮고 자는 자세도 똑 닮았다. 서로가 하는 걸 꼭 따라 하려는 모습이 애교스럽다. 이 둘은 이제 서로가 없으면 못살 것 같이 늘 붙어 다니는 단짝이 되었다.

사람도 마찬가지이다. 힘든 상황에서 서로를 할퀴고 나무라는 것이 아니라, 힘을 합쳐 극복해 본 경험은 둘의 사이를 한 단계 더 가깝게 만들어 준다. 믿음과 우정이 끈끈해지며 내 사람을 얻는다. 반면 책임을 전가하고 서로 탓한다면, 그것은 세상에 둘도 없는 원수를 만들 수 있는 가장 좋은 방법이 된다.

주고받는 말들

사람 사는 세상
주고받는 말들 속에
정도 느끼고
예기치 않게
상처도 주고받아 가며
그렇게 상호 작용 속에
우리는 살아간다.

상처 주지 않고 살아가려 노력하지만
지나가는 의미 없는 말과 단어 속에
누군가의 숨기고 싶은 멍든 가슴을
꾹꾹 누르고야 말았을 것이다.
사소한 말인 줄로만 알았던 것이
작은 유리 조각이 되어
누군가에게 깊고 아프게
박혀 버렸을 것이다.

철없는 농담을 던지다가
그의 상처에 소금을 뿌리고
우스갯소리로 넘겨 버린 적은 없는지,
괜찮은 척하는 당신을 보며
진짜 괜찮은 것이라고 착각한 것은 아닌지,
미안하고 또 미안하다.

그리고 어느 날에는 당신이 그냥 던진 말에
나도 쓰라리기도 했지만
당신의 실수를 용서한다.

말은 한 사람의 영혼을 살리기도, 죽이기도 한다.
나를 살렸던 그대에게 감사를,
나를 죽였던 그대에게 용서를.

한겨울의 불빛

커플들이 예쁜 장소를 골라 사진 찍기에 집중한다.
방긋 웃으며 서로를 찍어 주기에 바쁜 사람들
세상에서 제일 행복한 표정들이다.

까르르 웃으며 뛰어다니는 어린이들,
그 곁에서 열심히 사진을 찍어 주는 부모님,
예쁜 모습을 담아 주고 싶은 사랑의 움직임이다.

겨울은 춥지만 길거리가 반짝반짝해서 좋다.
추운 날씨에도 따스함을 주는 거리의 불빛들
반짝임 속에서 어린 시절의 꿈과 소망이 보인다.
추운 겨울을 그렇게 다행히 또 잘 살아 낸다.

추운 겨울밤 한 가족을 보았습니다.
뒤뚱뒤뚱 걷는 아기를 바라보는
젊은 부부의 모습.
추운 날씨였지만 그들의
까르르 밝은 웃음소리 덕분에
따스함이 느껴졌어요.
추운 날일수록 사람들을 아껴 주세요.
마음을 데워 주세요.

영혼의 끌림

하얀 캔버스를 바라보면
뭐든 될 수 있는 가능성이 보인다.
그림판을 채워 갈 색은 수만 가지.
하얀 공간을 나무, 달, 별, 바다 등
마음속에 흐르는 것들로 채워 간다.
마음의 눈으로만 볼 수 있었던 것,
실재하지 않던 것을 꺼내어
시각적으로 표현하는 일은 참 신비롭고 재미있다.

내 영혼 속에도 참된 내가 흐르고 있다.
실제로 꽃피우고 싶은 '영혼의 나'이다.

누구에게나 영혼 속에 흐르는 물줄기가 있다.
물줄기가 차올라 새로운 길을 뚫으려고 넘실거린다.
그때 영혼은 물결의 파동 때문에 두근거린다.

끌림이 느껴지는 것이 있고
그 끌림이 자신을 두근거리게 할 때는
그 느낌을 무시하지 말자.
흐름대로 나아갈 수 있도록
힘주고 있던 경직된 몸을 스르르 풀고
바라는 대로 나아가도록 두자.
그래서 마음의 눈으로만 볼 수 있었던 나를
세상에 존재하게 만들자.

긴장을 풀고 눈을 감고 나를 바라봅니다.
내면의 소리에 귀 기울이세요.
가슴이 말하는 대로 이끌려 가 보세요.

볼펜 한 자루가 내게 오기까지

볼펜 한 자루를 문방구에서 400원에 구입했다.

주변에서 쉽게 구할 수 있는 평범한 똑딱이 볼펜 한 자루. 어린 시절 종종 했던 생각은, 이 작은 도구가 참 신기하고 대단한데도 저렴하게 쓸 수 있어서 너무나 좋다는 것이다. 나더러 직접 펜을 만들어 쓰라고 하면 어떨까 종종 상상하곤 했다. 그러면 결코 볼펜 한 자루도 쉬이 보이지 않는다.

오래전에 살던 사람들은 새의 깃털 끝에 잉크를 여러 번 묻혀가며 필기를 했다. 거위 깃털을 가장 많이 사용했고 백조 깃털은 구하기 힘든 고급스러운 것이었으며 얇은 글씨를 쓸 때는 수탉의 깃털이 최고였다고 한다. 깃털을 휘날리며 글을 쓰는 모습을 상상하니 멋스럽고 신비롭다. 그러나 금세 말라 버리는 잉크 때문에 고역이었을 것이다.

지금의 모양을 한 펜은 130년 전 처음 만들어졌고, 우리나라에서 대중적인 필기구로 자리매김한 것은 1963년 처음 국내

생산이 시작된 후 60년대 말이 되어서였다. 지금 시대에는 당연하게 사용하는 볼펜이 우리 할머니 할아버지의 부모님들, 즉 불과 3세대 전만 해도 아주 놀라운 물건이었다는 것이다.

스스로 볼펜을 만들어 내라고 한다면 얼마나 많은 수고로움이 있을까. 공부하고 재료에 대해 알아 가며 수많은 시간을 쓰고 여러 차례 시행착오를 거쳐야 하겠지.

이 녀석을 스스로 만드는 상상의 나래를 펼쳐 보았다.

먼저 플라스틱 혼합물을 녹여 내고 볼펜 모양의 금속 모형을 만들어 그 속에 플라스틱 액체를 주입하고 정교하게 직선의 펜대를 만든다. 잘 조합된 색깔 잉크를 투명 빨대 관에 주입하고 액체가 뒤로 흐르지 않을 정도로 적절한 농도인지 확인한다. 펜대에 미리 만들어 둔 펜촉을 달고 잉크대와 스프링을 견고하게 끼워 넣는다.

펜 뚜껑을 펜대의 뒷부분과 크기를 잘 맞추어 만들고 그걸 딱하고 꽂은 후, 펜촉이 '똑' 하면 나오고 '딱' 하면 들어가는지 정확히 확인한다. 펜촉에 부착된 깨알만 한 공이 잘 굴러가며 종이 위에서 미끄럽게 회전하는지, 또 일정하게 잉크를 뿜어

내는지 검사한다. 이 모든 과정을 거친 후에 뿌듯한 미소를 지으며 편안하게 글을 써 본다.

만드는 과정을 생각해 보면 이런 유용한 도구를 400원이라는 가치에 맞바꿀 수 있다는 것이 정말 감사한 일이다. 지금도 여전히 종이와 연필을 구하지 못해 모래 바닥을 공책 삼아 손가락으로 글을 쓰고 지우는, 열악한 교육 환경에 놓인 아이들이 지구촌에 존재하기 때문이다.

자신이 머무는 환경에서 감사함을 조금씩 찾아내는 일은 살아감을 겸허하게 만들어 준다. 그리고 이러한 것들을 누림에 감사하며 독식하지 않고 나누어야 한다는 생각을 하게 된다.

살아야 할 이유

가슴속 출렁이는 마음에,
자존감이 파도치듯 다시 내게로 밀려들어 왔다.

나는 나를 사랑한다.
그 어떤 모습이든 나는 나를 사랑해야 한다.
나를 가장 잘 이해하는 이는 자신이기 때문이다.
어떤 상황이 되더라도 적어도 나는 나를 아껴 주자.
내가 가진 어떤 것을 잃더라도 제발 나를 사랑해 주자.

당신이 살아 있고 그 사실이 누군가를,
단 하나의 생명체라도 이롭게 만든다면
당신은 꼭 살아 있어야만 한다.
그럴 만한 가치가 있는 존재가 된다.
어떤 존재를 살리며 스스로의 존재마저도
가치 있어지는 것이다.

풀 한 포기에 물을 줄 힘을 지녔다면 살아가자.
그것이 살아남아야 할 이유이다.

아무리 비루하더라도,
내가 부족한 인간 같이 느껴지더라도
살면서 무언가를 이롭게 만들어 줄 수 있다면
살 가치는 충분하다.
그러니 내가 너무 못나 보일 때는 주변을 돌아보자.
손길이 닿을 만한 곳이 있는지 살펴보자.
그리하여 세상을 살리고 나를 살리자.

사는 게 바쁘더라도 잊지 말아야 하는 것들

풀 한 포기에서 생명력을 느끼는 것을
잊지 말아야 한다.

밥 한 알에도 농부의 정성이 깃들어 있음을
잊지 말아야 한다.

내가 걸은 이 길이 울퉁불퉁하지 않도록
정돈한 누군가가 있었음을
잊지 말아야 한다.

한여름 더위를 식힐 수 있고
겨울 강추위를 피해 따뜻한 곳으로 찾아갈 수 있는 게
당연한 것이 아니란 것을
잊지 말아야 한다.

세상을 안전하게 지켜 나가기 위해
존재하는 것들에 대한 감사함을
잊지 말아야 한다.

내가 태어나 무력하여 누군가의 도움 없이는
생존할 수도 없었을 때가 있었음을,
그 스물녁 달의 시간 동안 한시도 눈을 떼지 않고
나를 지켜 준 누군가가 있었다는 것을
잊지 말아야 한다.

세상에게 받은 것이 생각보다 많다는 것을
잊지 말아야 한다.

그들이 한 것처럼 내가 할 수 있는 것도
생각보다 많다는 사실을
잊지 말아야 한다.

내 안에 우주를 펼칠 단추를 갖고 있음을
잊지 말아야 한다.

지금 일어나는 모든 일들에도 불구하고,
나는 여전히 사람들이
선한 마음을 갖고 있다고 믿는다.

_안네 프랑크Anne Frank

네 번째

좋은 일이 생길 것만 같은 날들

내일도 별은 타오를 테니까

결정과 용기에 의한 삶

인터넷을 켰다가 우연히 반가운 기사를 보았다. 가수 이소은이 미국에서 국제 변호사가 되어 활동하고 있다는 기사였다. 2002년에 '나 기다릴게요. 오래오래.'라는 가사로 시작하는 경쾌한 곡 '오래오래'를 불렀던 소녀 가수 이소은. 10대 때 맑은 음색을 지닌 그녀의 노래를 즐겨 들으며 자랐다. 어느 때부터인가 활동하는 모습을 보지 못했고, 의식하지 못한 채 시간이 흐르고 있었는데 오랜만에 기사 속에서 그녀를 보게 되어 무척 반가웠다.

진로를 완전히 다른 방향으로 바꾸어 로스쿨에 진학하고 국제 변호사로 변모한 그녀의 모습이 신선하고 궁금해졌다. 어린 시절 연예계를 선택해 가수라는 직업으로 살고 또다시 새로운 길을 걷는 것이 쉽지 않았을 것이라는 생각이 들었다.

처음 이소은이 대학에 입학해 시험을 보았을 때 최선의 노력을 다했으나 그 결과는 꼴찌에 근접해 있었다. 엄청난 충격으로 눈물을 쏟으며 '나는 해도 안 되는가 봐.' 하며 실의에 빠져 있을 때, 아버지가 보낸 메일 중 한 문장이 가슴에 먹먹히 와 닿았다고 한다.

'잊어버려. 아빠는 너의 전부를 사랑하지, 네가 잘할 때만 사랑하는 게 아니다.'

그 말에 힘을 얻은 그녀는 지나간 일에 연연하지 않고 다시 앞으로 걸어 나갈 수 있었다.

이미 지나간 과거에 매여 괴로움에 휩싸이기보다는 홀홀 털고 앞으로 나갈 힘, 당장 자신이 손에 쥔 유일한 것은 현재이며 현재의 선택에 책임지며 살아가는 힘, 그 힘을 가지고 있었던 것이 그녀가 새로운 길에서 좌절하지 않고 끝까지 나아갈 수 있었던 원동력이었던 것이다. 그녀의 성장기를 통해 고난을 털고 일어나는 내면의 힘이 어디에서 오는지 알게 되었다.

과거를 돌아보면 누구에게나 가슴 깊이 사무친 사연 하나쯤 있게 마련이다. 그 아픔과 상처가 자신을 짓누르고 현재와 미래를 부정적으로 만들고 있다면 그것을 끊어라.
Forget about it!

누구에게나 과거의 양면이 존재한다. 슬프고 괴로웠던 기억이 있고, 행복하게 하하 호호 웃었던 기억도 있다. 부정적인 것보다는 긍정적이었던 기억을 더 크게 사자. 자신에게 포근하게 와닿는 기억을 추억으로 간직하는 것이 좋다.

행복했던 순간은 소소하지만 생각보다 많았고 따뜻했다. 편지를 받았을 때, 생일날 케이크 위 촛불을 불었을 때, 여행을 떠나 신나게 놀고 새로운 것들을 경험했을 때, 누군가에게 선물을 주고 기뻐하는 모습을 보았을 때, 사랑하는 이와 포옹했을 때, 첫 월급을 받았을 때, 맛있는 음식을 먹었을 때, 좋아하는 연예인을 보았을 때 등등.

사랑스러운 기억들은 가슴에 가득 담고, 지나간 상처에는 연연하지 말자. 그럼으로써 앞으로를 더 용기 있게 행복한 시간으로 채워 나갈 수 있다.

다짐하겠다. 즐거웠던 추억들을 더 강하게 마음에 품고 살아가기로. 그리고 앞으로 더욱 자유롭게 나와 타인들을 사랑하며 살아가기로! 삶을 행복과 용기로 채워 나가 보자. 이는 선택할 수 있는 부분이니까.

당신은 자유인이다. 지난날 겪은 과거의 부정적 경험은 당신의 미래를 결정짓지 않는다. 과거는 사라진 시간일 뿐. 지금 존재하는 것은 오직 현재의 시점이다.

흐릿한 잔상으로 남은 기억들 중에 좋은 추억은 가슴에 푸른 나무가 무성해지도록 심어 두고 마음의 양분으로 삼자. 괴로웠던 기억은 시원하게 던져 블랙홀 속으로 날려 버리자. 오직 지금, 우리는 살아 있다. 매시간을 살며 스스로의 결정으로 삶을 채워 나갈 뿐이다.

지난 일에 사로잡혀 과거를 탓하는 인과 관계론이 아닌, 스스로의 결정과 용기에 의한 삶.
그런 삶을 사는 이는 진정 자유롭다.

과거에 머무르지 마세요.
앞으로 나아가세요.
Forget about it!

담백해질 타이밍

머릿속이 복잡하여 지끈거릴 때
때로는 그냥 단순하게 생각해 보자.

하고 싶은 걸 하고
떠나고 싶을 때는 떠나고
춤추고 노래하고 싶을 때는
몸을 뒤흔들며 흥얼대고
쉬고 싶을 때는 쉬는 거다.

때로는 미친 듯이 게을러져도 보고
나무늘보처럼 꼼짝달싹도 하지 않는 거다.
그 시간이 때때로 꼭 필요하니까.

구름과 비는 둘 다 아주 작은 물방울의 입자이다.
구름은 한데 뭉쳐 다채로운 모양을 만들며
하늘 위에 둥둥 떠 있고

입자가 커지면 무거워져서
비가 되어 땅으로 추락한다.

정신도 이와 같다.
삶의 자세는 진중하면서도 가볍고 담백하게 살아갈 때
가장 평온하다.
마음속에 예쁜 구름이 뭉게뭉게 피어나고
소소한 것에서 행복을 느낀다.

작은 일에도 심각하게 구는
매사에 과한 진지함은 오히려 독이 된다.
그렇게 감정이 밑바닥으로 추락하면,
마음도 비처럼 내린다.

그러니 너무 심각하지 말고 단순하게 살아 보자.
언젠가 인생에서 매우 심각하게 느껴졌던 문제들도
뒤돌아보면 웃어넘길 수 있는 일들이 더 많다.
진지한 것도 좋지만 그냥 좀 더 경쾌하게
그저 담백하게 구름처럼 떠돌아 보는 것이다.

Be simple!

아삭아삭 계절 과일

삶이 꽤 여유롭다 느껴지는 것.
그것은 나에게 계절 과일을 사 먹을 수 있는
경제적 여유이다.

최저 임금도 받지 못했던 시절에는
끼니를 때우기에도 버거웠다.
일하고 그 일의 보수로 밥과 함께
과일까지 사 먹을 수 있다는 건 큰 행복이다.
동네 식료품점에서 알록달록한 과일을 바라보며
골라내는 그 순간의 느낌이 좋다.
내가 좋아하는 과일과 가족들이 좋아하는 과일을
번갈아 보며 매번 고민한다.
그것은 참으로 행복한 고민!

함께 먹을 사랑하는 이를 위해 그 과일을 깎고
접시에 담아내는 동안의 느낌도 좋다.

달달한 봄에는 부드러운 딸기를,

무르익어 가는 여름에는 향긋한 복숭아와 수박을,

추수 감사의 계절인 가을에는 사과와 배를,

한 해의 끝자락 겨울에는 새콤달콤한 귤을.

사실 우리가 신선한 과일을 먹을 수 있는 것은

당연한 일이 아니다.

몇몇 식물들은 인간의 욕심과 환경 오염으로

멸종되어 가고 있다.

몇 번의 해가 지나도

각 계절의 풍미를 담은 과일을

먹을 수 있는 삶을 살기를.

그러기 위해서 우리는 지구의 환경을 아끼며

수목들을 지켜 내야 한다.

달그락 찻잔 소리

식기가 부딪치는 소리는 언제 들어도 기분이 좋다.
어릴 적 바라보던 부엌에 서 있는 엄마의 뒷모습
달그락달그락 소리를 내며 요리하던 뒷모습
어린아이는 그 소리를 들으며
안전한 공간에 살아가고 있다는 안도감을 느꼈다.

혼자만의 시간이 필요할 때,
달그락 소리를 들으러 동네 카페를 찾는다.

달그락달그락 찻잔이 부딪치는 소리,
멀리서 살짝이 들리는 사람들의 웃음소리,
스피커를 통해 흘러나오는 음악,
이 모두가 한데 어우러져 멋진 소음을 만든다.
이상하리만치 마음을 평온하게 만들어 주는
살아 있는 소리.
달그락달그락

너의 별

나는 당신이 나와 같기를 바라지 않는다.

너의 세계와 나의 세계가
빛나는 두 개의 별로 존재하도록 두고 싶다.

살아가다 보면 망각의 공기가 머리에 스민다.
그들의 생각이 내 것인 양
세상의 기준이 내 것인 양
착각하고 편승하려 하게 된다.

별이 자신을 잊어 갈 때
나지막이 귀에다 속삭여 이야기해 주고 싶다.
너는 태초부터 총총히 반짝였던 별이야!

진정한 너를 깨우도록.
그리하여 별이 다시금 빛날 수 있도록.

너의 별의 맛과 모양과 색은 어떠하니?
내 것과는 참 다르겠지.
마음껏 빛을 발산해 보렴.
너의 별의 맛과 모양과 색을 존중할게.

삶의 여백

여백의 미는 우리 조상들의 지혜.

그것은 남겨진 부분에 대한 아름다움.

가득 채워진 것을 보다가

넓게 펼쳐진 빈 공간의 풍경을 바라보면

두 눈이 편안해지곤 한다.

짜임새 있는 스케줄과 일상도 좋지만

가끔은 나를 위해

쉼표를 찍어 보는 것도 좋다.

그 후에는 훨씬 창의적으로 변하는 자아를

발견하게 될 것이다.

색이 주는 즐거움

알록달록한 색깔들은 고유의 느낌을 갖고 있다. 심리 치료에
도 이용되는 색, 나는 색의 힘을 믿는다. 그날 끌리는 예쁜 색
의 옷을 입었을 때, 하루의 감정이 미묘하게 달라진다. 색채가
예쁜 요리를 먹을 때, 눈과 입이 호강한다. 화사한 그림을 보
았을 때, 기분이 한결 산뜻해진다.

일례로 브라질의 '파벨라 페인팅 프로젝트Favela Painting Project'
는 범죄 예방 효과까지 있었다. 브라질 리우데자네이루에 있는
슬럼가는 낮에도 총성이 들리고 폭력과 마약이 성행하는 지
역으로 악명이 자자했다. 네덜란드 아티스트인 예로엔 쿨하스
Jeroen Koolhaas와 드레 유한Dre Urhahn은 이 지역의 힘든 환경을
직접 목격한 후 도와야겠다는 결심을 했다. 빈민가를 아름다
운 색채로 물들여 어둠을 걷어 내고자 이 '파벨라 페인팅 프
로젝트'를 시작하였다. 5년에 걸쳐 마을 곳곳에 화사한 색감
을 채워 갔고, 그 결과 범죄율이 기존의 25% 수준으로 줄어들
었다. 정부도 쉽사리 손대지 못하던 지역에 예술가 두 명이 희

망을 심은 것이다. 알록달록한 색의 힘이 가진 놀라움을 증명한 사례이다. 예술의 힘이 가져온 놀라운 일상의 변화였다.

머릿속이 산만하거나 아무래도 힘이 나지 않을 때, 일상이 무미건조하게 느껴질 때, 색채를 가만히 응시하며 색이 가진 힘을 흡수해 보자.

빨강은 열정의 색이다. 추진력 있게 뭔가를 도모하고 투쟁하는 색. 매우 정열적이고 매력적이다. 의지를 불태우며 강렬하게 뭔가를 하고자 할 때 도움이 된다.

주황은 생기발랄하며 매우 명랑하다. 기력이 쇠할 때 식욕을 돋우며 기분 전환이 된다. 상쾌해지고 싶을 때 주황을 찾자.

노랑은 가장 밝고 따스한 색이다. 태양이 대지에 온기 가득한 햇볕을 뿌리듯 내 마음에도 따스함이 필요할 때 노란색을 바라보자.

초록은 안락함, 풍요를 상징한다. 지칠 때 바라보면 마음이 안정되고 피로가 줄어든다. 심신이 지쳤을 때 좋은 색이다.

파랑은 희망, 차분함, 냉정을 지녔다. 어떻게 보면 희망적이면서도 차가운 상반된 느낌을 주는 푸른빛은 신기하다. 마음을 차분히 만들어 주어, 가슴보다 머리로 사고하고 결정해야 할 때 냉정하고 심플하게 만들어 준다. 불안 해결에 좋은 색이다.

분홍은 사랑, 행복, 우아한 느낌을 자아낸다. 사랑스럽고 싶은 날, 볼 발그레한 아이처럼 행복해지고 싶을 때 가까이 두기에 참 좋다. 부드러운 마음이 생긴다.

하얀색은 평화, 자유, 빛의 색이다. 순백의 빛깔은 깨끗함의 절정이다. 무채색이라서 마치 무의 세계로 들어가는 듯 편안한 해방감을 준다. 자신을 정화시키기에 좋은 색이다.

때에 따라 그에 맞는 색을 흡수하여 다채로운 아름다움을 지닌 사람이 되면 좋겠다. 바쁜 일상 속에서도 가끔 3초의 여유를 만들어 아름다운 것을 응시해 보자.

지금 나는 노란 바나나를 차분하게 바라보고 있다.

알록달록한 색들은
각각의 에너지를 지니고 있다.
내게 필요한 오늘의 에너지는
무엇일지 생각해 보자.

500원의 가치

어린 시절에는 500원만 있으면 신나게 놀 수 있었는데. 학교 마치고 문구점 앞에서 뽑기도 하고 콩콩*도 20분이나 뛰고 피카츄 모양의 치킨너깃도 실컷 먹었지. 친구들에게 아이스크림을 사 주고도 과자 하나를 더 사 먹을 수 있었고, 달달한 떡볶이도 종이컵에 한가득이었다. 500원이면 신나게 먹고 즐기고 베풀 수도 있었는데.

어른이 되어 초등학교 앞 단골 문구점이 있던 곳에 가 보았다. 늘 살갑게 맞아 주시고, 학교 졸업식 날에는 어린이들에게 선물까지 해 주셨던 그 친절하고 곱던 주인아주머니는 계시지 않았다. 참 고마운 추억이 많은 문구점이었는데. 하지만 여전히 어린이들은 그 문구점에서 간식을 사 먹고 해맑게 웃으며 깔깔거리고 있었다. 그리고 놀랍게도 500원으로 떡볶이와 과자를 사 먹는 것도 여전히 가능했다.

이제 500원으로 느낄 수 있는 것이 적어진 것은 세월 탓도 있 겠지만 변해 버린 마음 때문이기도 한 것 같다. 과자 하나, 예 쁜 스티커와 메모장 한 장에도 기쁘기 그지없던 그 시절 동전 하나가 주던 기쁨을 잊지 않는 그 시절의 어린아이를 조금은 마음속에 지닌 어른으로 살아갈 수 있기를 바란다.

*콩콩

트램펄린을 달리 일컫는 말입니다. 지역 방언에 따라 봉봉, 콩콩, 방방, 팡팡, 퐁퐁 등 으로 부르기도 합니다. 언어의 표현력과 다양성이 참 재미있습니다.

당신은 괜찮은 사람입니다

조금 부족한 점이 있다 하더라도
괜찮아요.
가끔 실수를 하고 불완전하더라도
괜찮아요.

완벽한 사람보다
조금 부족한 것이 인간적인 매력이 되기도 합니다.
완전하지 않은 당신은 더욱 사랑스럽습니다.

가령 '나는 뭐든지 다 잘해.'라고 이야기하는 사람보다는
'사실 난 암기력이 좀 부족해서 어릴 때 공부를 못했어.'라고
웃으며 잘 못하는 부분을 인정하는 사람에게
사람들은 더욱 호감을 가집니다.

누구에게나 잘하는 것이 있고 못하는 것이 있습니다.

그러니 부족한 나를 나무라지 말고
못난 부분만 바라보지 말고
나은 구석을 발견하여 예뻐해 주고 키워 주세요.

단점보다는 강점을 바라보아 주는 포근한 마음을
누구보다도 나 자신에게 먼저
따스한 눈길로 보내 주세요.

당신은 소중한 존재입니다.
당신의 좋은 점들을 귀하게 여기며
스스로를 안아 주고 다독여 주세요.

그러면 마음을 치유한 이후에 괜찮은 사람이 되어
자신을 아껴 주면서
묵묵히 앞으로 걸어 나갈 수 있을 거예요.

조용히 심장의 파동을 느껴 보세요.
마음이 내게 건네는 말을 귀 기울여 들어 보세요.
나를 소중히 여겨 주세요.

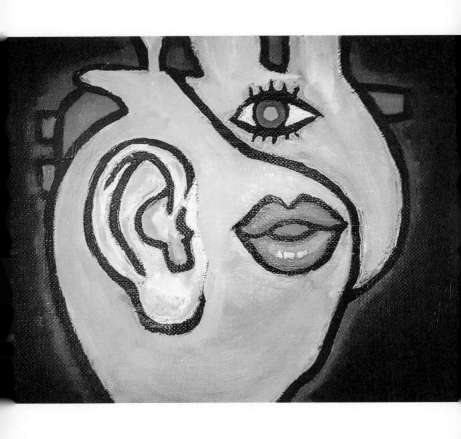

나 홀로 여행

살면서 한 번도 밟아 보지 않은 길을 홀로 걷는다는 것.
그것은 누군가와 함께 걸을 때와는 사뭇 다른 느낌이다.

모든 것이 낯설다는 사실은,
설레는 마음과 미지의 세계에 대한 두려움이라는
두 가지 감정을 동시에 안겨 준다.

혼자이기에 오롯이 나와 그 공간과 시간을 느낄 수 있다는 것.
이런 게 나 홀로 여행의 참맛인가 보다.

힘을 얻는 방향

이 세상은 외향적인 사람들과 내향적인 사람들이 어우러져 살아간다.

학자 칼 융Carl Gustav Jung은 둘을 나누는 기준을 에너지를 얻는 방향에서 찾았다. 내향적인 사람들은 내부에서 에너지를 찾고 충전해 낸다. 외향적인 사람들은 외부에서 활동하고 사람들을 만나며 에너지를 얻는다.

스스로가 에너지를 얻는 방법이 무엇인지 알고 있는 것은 중요하다. 사람들을 만나 활동적으로 부대끼며 삶의 에너지를 받는 편이라면 시간을 내어 적극적으로 자신을 위해 움직이는 것이 좋다. 고요한 시간 속에 치유 받고 힘을 얻는다면 바쁜 일상 속에서도 차분한 시간을 보낼 구석을 마련해 두어야만 한다.

나는 외향형일 것이라 스스로 평가했지만 내향형이라는 걸 뒤늦게 알았다. 사람들과 마음을 나누고 함께 활동하는 일이 즐겁지만, 타인과 일하고 활동하는 것에 에너지를 많이 쏟고 나면 심신이 매우 고갈된 느낌을 받곤 한다. 그럴 땐 내면의 에너지 우물을 채워야 한다는 걸 깨달았다.

눈을 지그시 감는다. 하나 둘 셋, 천천히 깊게 호흡하며 숨을 느껴 본다. 바깥세상을 단절하고 내 몸의 생명력만을 느낀다. 내 안에 금빛 에너지가 차오른다. 감은 눈 사이로 평화가 찾아든다. 채우고 나면 나눌 것들이 충분히 생긴다. 그리고 다시 눈을 뜨고 이 세상으로 걸어 나간다.

자신이 에너지를 얻는 방향을 아는 것은 생동감 있는 삶을 살아가는 데 큰 도움을 준다. 스스로를 가장 잘 아는 것은 자기 자신이다. 조용히 내면을 들여다보며 에너지가 오고 가는 방향을 살펴보자.

꾸준함

꾸준함이 나를 만들었다.

꾸준히 영어 공부를 해서 세계 어디로 여행을 떠나도 쫄지 않을 배짱을 갖게 됐고 꾸준히 글을 쓰고 그림을 그리며 창조성을 키워 갔다. 꾸준히 한 사람을 사랑하며 새로운 세계에 심취했고 꾸준히 살아 내며 하루를 이겨 냈다.

그만두고 싶은 본능적 욕구에 지지 않고 의지로 싸우며 적어도 할 일이라고 정한 바가 외부의 억압이 아닌 스스로의 내면에서 우러나온 것이라면 해내야만 했다.

나와의 약속을 지키는 것이 '나를 사랑하는 방법'이기 때문이다. 대부분의 답은 꾸준함에 있다.

앞으로도 꾸준히 해 봐야 할 것들이 참으로 많다.
그래서 삶은 살아 있는 미완의 것이라고 말할 수 있다.

배우고 나아가는 것

가끔 무언가 하고 싶은 일이 떠올라 가슴이 콩닥콩닥 뛸 때가 있다. 그럴 때는 셋 중 한 가지 액션을 취하곤 한다.

1. 바로 행동으로 옮긴다.
2. '아, 그거 지금은 못 해도 사는 동안 꼭 해 볼 테다.' 하며 하고 싶은 일 목록에 적어둔다.
3. '그거 정말 해 보고 싶다. 그렇지만 지금은 다른 할 거리도 많고 시간 내기 힘드니 여유 생길 때 해야지.' 하고 마음속으로 다짐해 둔다.

그 일들을 실행하게 되는 확률은 당연히 적은 순서와 같았다. 첫 번째는 두말하면 잔소리. 열정이 가슴속에 차오를 때 끌리는 걸 해 볼 수 있다는 게 너무나 좋았고 삶에 생기를 주었다.

두 번째의 경우는, 적어두니 몇 개월에 한 번씩은 꼭 그 목록을 살펴보게 되었다. 그때마다 '아, 내가 이런 생각을 했었지!'

하며 잊혔던 소망과 낭만을 되새길 수 있었다. 확 불타올랐던 마음은 사그라졌지만 그래도 운 좋게 다시 하고 싶은 열망이 차오르기도 하고, 할 수 있는 방법을 천천히 모색해 볼 수 있다. 이때 주변 사람들과 이야기하다가 그 일과 관련된 얘기가 들리면 귀 기울이게 되고, 잡지를 펴 봐도 우연히 그 일과 관련된 내용이 보이고, 일상 속에서도 TV 보는 중, 수업 중, 노는 중, 웹 서핑 중에 관련된 것들에 먼저 눈이 가게 된다. 하다 못해 길을 가다가 그 일과 관련된 광고나 간판을 발견하면 예사롭지 않게 보인다. 그러면서 조금 시간이 지나서라도 할 수 있게 된 경우가 더러 있었다.

세 번째는 어떠한가, 다행스럽게 마음 한편에 그 다짐을 잊지 않고 있을 때도 있지만 반 이상은 잊어버린 것 같다. 작가 한비야는 저서에서 자신은 또렷한 기억보다 희미한 연필 자국을 더 믿는다고 했다. 나도 이 말에 적극 공감한다. 멋진 생각이 푸드덕 떠올랐다가도 금세 뿌연 연기처럼 사라진 때가 많았다. 멋진 생각, 느낌을 날려 버리는 게 얼마나 아까운 일인지 모른다. 기록해 두는 습관은 다 중요하지만 하고 싶은 일을 적어두는 건 특히 성장에 도움이 된다.

당신이 살아가면서 더욱 다양한 분야의 것들에 대해 관심을 두게 되면 좋겠다. 남들이 해서 따라가는 것이 아니라, 진정 내면이 주는 울림의 소리를 듣고 하고 싶은 일을 행하여 좋아하는 일을 많이 해 보길 바란다. 그것들을 자기 것으로 만들려고 노력해서, 더 넓은 시야를 갖고 세상을 바라볼 수 있는 사람이 되기를 바란다.

배우고 싶어 꿈틀대는 그 마음을 무시하지 말자. 뭔가 하고 싶어 죽겠는 동기가 생겼다면 그 자체가 행운이다. 그런 감정은 억지로 만들기 힘든 값진 거니까.

Direction (방향성)

돌아가도 괜찮아.
쉬어 가도 괜찮아.
올바른 방향으로 묵묵히 걸어가면 돼.
방향성이 가장 중요하니까.

나의 가치, 바람을 상기하며 하루하루를 만들어 나가자.
진정한 승부수는 바로 오늘, 이 하루에 있어!

너무 멀리 내다보는 것도 때로는 걱정에 사로잡히게 만들지.
목표를 정했다면 너무 먼 곳보다는
오늘을 응시하며 딱 하루만 잘 살아 보자.
쌓아 가는 매일이 인생을 만든다는 것을 잊지 않아야 해.

뚜벅뚜벅
내가 걷는 길,
당신이 걷는 길.

자신을 기쁘게 하고 타인을 이롭게 하는 일이라면,
그 어떤 길이라도 응원하고 싶다.

세월의 흔적이 묻은 물건

오래된 책, 낡았지만 편안한 가구,
옛 음악 CD와 테이프, 오래전 사둔 예쁜 엽서,
표지가 닳은 스케치북 속 그림들,
어린 시절 가지고 놀던 인형,
오래전부터 사용해 온 긁힌 자국이 있는 그릇들,
옛 친구들의 편지를 가득 넣어 둔 상자.

그것들은 그때 그 시절의 향기를 품고 있다.
때때로 어른이 되어 동심을 잃어 갈 때
그 물건들을 찾아가 만지작거리면
지난 시절의 마음을 품고 있다가 에너지를 조금씩 내어 준다.

세월이 묻어 있는 물건들, 혹은 나의 영혼의 조각들.
세상살이가 진지해지는 진부한 어른이 되어갈 때쯤,
마음속 깊이 숨어 있던 어린 영혼에게 온기를 불어넣어 주는
참 감사한 기억의 조각.

영혼의 나이

영혼의 젊음은 물리적 나이로 측정할 수 있는 것이 아니다.
내가 가장 늙었을 때는 10대 중반 무렵이었다.
하고 싶은 것이 없고 세상만사가 귀찮았다.
누구에게도 이해받지 못하는 것 같아 슬프고 외로웠다.
쉽게 화가 나곤 했다.
나의 힘듦이 가장 커다랗게 보였다.

자기로 가득 찬 삶은 불행하다.
어린 육체를 가진 불행한 영혼은 늙고 병들어 갔다.
나를 비우고 시선을 타인에게 돌릴 여유가 생긴 후에야
비로소 내면을 좋은 것들로 풍요롭게 채워 갈 수 있었다.

지금의 나는 분명 그때보다 젊다.
꿈이 있고,
가고 싶은 곳,
먹고 싶은 것,

하고 싶은 것이 가득하고,

베풀고 싶은 것,

이 세상과 나누고 싶은 것도 많기 때문이다.

하고 싶은 것이 사라지는 순간 우리는 늙기 시작한다.

겉모습이 세월의 흔적을 더해 가더라도

가슴속에 여전히 소망이 가득하다면

그의 영혼은 젊다.

생이 다하는 그날까지 그대가 젊게 살기를 바란다.

사회인의 삶

일에 치이며 살아가는 일상, 주말이 오기만을 손꼽아 기다린다. 수요일쯤 되면 기분이 좋다. 평일의 반을 달려왔다는 사실 때문에.

사는 게 버거워 징징대며 일을 쉬고 놀기만 하며 사는 것은 어떨까 상상도 해 보았다. 그러던 찰나에 '이렇게 매일이 행복하지 않고 쉬는 날만 기다린다면 내 삶은 불행한 것인가?'라는 의문이 생겼다. 그래서 나 자신이 언제 행복했었는가를 돌아보았다. 찬란하리만큼 빛나고 아름답게 느껴지던 순간들.

곰곰이 그 시절을 돌아보니 의외로 막 편안하기만 했던 때가 아니라 그때도 지금처럼 참 바쁘고 할 일이 태산이던 때였다. 그런데도 어떻게 행복할 수 있었는가 그 차이점을 살펴보니, 바빴던 이유가 희망하는 바를 이뤄 가기 위한 과정이라는 점이었다.

거창한 것이 아니어도 좋았다.

애인에게 줄 목도리를 뜨개질하던 시간,

꼭 해 보고 싶었던 대회에 참여하던 때,

가고 싶었던 여행지에 가기 위해 돈을 모으던 때,

영어 회화를 잘하고 싶어 열심히 스터디에 참여했던 때.

소소한 꿈과 목표를 향해 달려가며 노력하는 스스로가 자랑
스러웠다. 그리고 힘듦 속에도 즐거움과 보람이 있었다.

열심히 노력하며 좋은 결과를 기대해 보기도 했고, 내가 행하
는 무언가가 타인에게 도움을 주어 보람을 느낄 때도 있었고,
으쌰으쌰 힘을 합쳐 여러 사람들과 의기투합하였던 그때가
참 행복했던 시간이었다.

단 한 가지 차이였다. '희망하는 바를 이뤄 가기 위한 과정 속
에 살고 있다는 걸 인지하는 것.' 그게 행복한 삶을 만든 것이
었다. 그래서 지금도 내게 필요한 것은 매일 주말처럼 놀 수
있는 삶이 아니라 삶 속에서 보람과 행복을 찾는 것임을 알게
되었다.

여유로운 하루

일요일 아침, 오늘따라 외식도 하고 싶고
콧바람도 쐬고 싶은 그런 날이었다.
남편과 함께 맛있는 점심을 먹은 후
널따란 공원으로 산책을 하러 갔다.
2월 중순, 늦겨울이라 메마른 노란 풀이 공원을 뒤덮었고
하늘은 매우 푸르르고 창창한 날씨였다.

산책 후에 카페로 향하여
옹기종기 놓인 예쁜 소품들을 구경하며 차를 마셨다.
예쁜 글귀가 적힌 액자와 다소곳이 놓인 드라이플라워
그리고 초록 잎이 싱글싱글한 화분들이 있었다.

어딘가에 가면 어떻게 이런 분위기를 냈을까 생각하며
맛과 향과 색감을 관찰해 보는 것이 참 재밌다.
정성과 고민의 흔적을 보고는 감탄한다.

어릴 때는 몰랐는데 뭐든 저절로 되어 있는 것은 없다는 걸
어른이 되어서야 알게 되었다.
다 누군가가 애써서 가능한 것들이라는 사실을.
길섶에 가지런히 놓인 벤치 하나에도
어떤 이의 고민과 수고가 깃들어 있다.

우리 모두가 각자의 자리에서
자신의 업에 정성을 쏟는 사람으로 살아간다면 좋겠다.
그리고 서로가 그 노고를 알아주었으면 좋겠다.

슬픈 날엔 엉엉 우는 것도 괜찮아

당당히 잘 살아오고 있다고 생각했는데
무너져 버리는 날이 있다.
슬픔으로 가득 찬 날.

타인의 시선보다는
내가 스스로 내린 기준과 시선이 더 중요하다 여기며
어떻게든 내가 가진 것에 감사한 마음을 가지고
이 땅에 태어나 세상을 경험할 수 있다는 것만으로도
고마워하며 잘 살아오고 있었는데
오늘따라 내게 부족한 그 결핍이 가슴을 툭툭 찔러
'왜 이런 시련을 주시는 거예요?'라며 엉엉 울어 버렸다.

내면의 바다 깊이 꺼져 들어가 침잠하는 기분이었다.
하루 종일 이성으로 참고 참던 눈물이 결국 터져 버렸다.
도저히 견딜 수 없는 날이다.
엉엉 우는 모습을 거울로 마주하니

새빨간 얼굴로 찡그려 우는 모습이 참 안쓰럽다.
이런 울음은 정말 오래간만이었다.
거울 속 일그러진 내 모습이 왠지
반갑다고 느껴지는 건 왜일까.

'나는 왜 이런 거예요?'
'노력했는데, 노력했는데도 안 되는 걸 어떡해요.'
하소연하며 감정을 툭툭 털어 내고 나니
갑자기 꽤 시원한 기분이 감돌았다. 그리고,
'그래. 난 그동안 나의 좋은 점도 부족한 점도
받아들이며 잘 살아왔어.'
라는 마음속 생각이 가능해지면서
앞으로도 늘 그래 왔던 것처럼
잘 살 수 있을 것 같다는 생각이 들었다.

부정적인 감정이 묵고 묵어서
먼지처럼 가슴에 켜켜이 쌓여 있다가
눈물과 함께 깨끗이 씻겨 나간 것 같았다.
그러려고 눈물이 폭발했었나 보다.

가끔은 이렇게 슬퍼하고 외로워해도 괜찮은 것 같다.
그때 또 한 번 받아들임을 배우게 되기 때문이다.
'부족한 나'도 받아들이고 아껴 주며 잘 살아가 보자.
슬픔을 마주하고 나면
다시 뚜벅뚜벅 걸어갈 용기가 조금 생긴다.

슬퍼서 흘리는 눈물에는 독소가 들어 있다고 해요.
스트레스를 받을 때 쌓이는 호르몬인
카테콜아민이 울음으로 배출됩니다.
마음속 고달픔이 커져
도무지 이성으로 감당이 되지 않을 때,
펑펑 울어 봐도 괜찮아요.
눈물과 함께 아픔이 씻겨 내려가
기분이 한결 가벼워질 거예요.

자신을 믿기

나를 믿는 것에도 연습이 필요해요.
부족한 나도 뭔가를 해낼 수 있는 사람이라는 믿음을 갖고
자신을 여러 번 토닥여 주어야 합니다.

내가 나 자신을 믿어 주는 것은
진심으로 나를 사랑해 주는 출발점이에요.
자신을 믿어 주는 그 지점에서부터
자존감도 차곡차곡 눈송이처럼 포개집니다.

하나의 눈송이는 힘이 없어 보이지만, 쌓이고 또 쌓이면
순식간에 세상을 하얗게 물들이지요.
당신이 자신을 믿어 주는 마음 또한 마찬가지예요.
작아 보이는 그 힘이 여러 번 차곡차곡 쌓이면
나의 힘도 거대해진답니다.
그 순백의 힘은 나를 가득 채울 뿐만 아니라
세상에 선한 영향력을 미칠 만큼 강력해집니다.

'나는 부족하고 못난 사람이야.'라는 생각이 들 때
당신에게는 해낼 수 있는 힘이 있으며
그 의지를 이어갈 용기와 정신력이 있음을 믿어 보세요.
그 꾸준함으로 인생을 활짝 피울 것임을 기억하세요.

믿음과 긍정은 내면에서 만들어지는 것입니다.
그것이 당신을 좋은 방향으로 움직이게 만들어 줍니다.
움직임이 꾸준히 이어지면 자신만의 특색이 되지요.
그 특색이 꿈의 색깔을 빼곡히 채워 가도록 도울 거예요.
자신을 믿고 한 걸음씩 전진해 보세요.

그대와의 춤

우리 부부는 취미 생활로 함께 스윙 댄스를 춘다.
평일 저녁 무렵, 재즈 음악을 들으며 그와 춤을 한 곡 췄다.
우리의 춤은 그 어느 때보다도 엉망이었지만
그것은 내가 꿈꾸던 순간, 행복한 찰나였다.

어린 시절 꿈꾸던 결혼 생활은
가끔씩 남편과 얼굴을 마주보고
둘만의 세계에 빠져 춤을 추는 것이었다.
어릴 때는 춤을 배워 본 적도 없고
춤의 종류라는 것도 몰랐지만,
그저 사랑하는 사람과 결혼을 하여
평범한 어떤 날 익숙한 공간에서
함께 빙그레 웃음 지으며 춤추는 것을 상상하고는 했다.

그날은 서로 배가 아프도록 웃느라
춤이 매우 엉성해졌는데
그게 더 좋았던 것 같다.

오래오래 같은 음악을 들으며
몸을 둥실둥실 흔들고 싶다.

사랑이란
사람의 마음이 합해지는 것
당신을 믿고 기댈 수 있는 것
상대방을 위해 기꺼이 헌신할 수 있는 것
서로를 온 정성으로 아껴 주는 것
너와 나 사이의 거리를 존중해 주는 것

다름과 같음을 존중하기

가장 안타까운 시선은
다르다고 해서 잘못된 것이라 여기는 것이다.

타인과 자신에게 해를 끼치는 것이 아니며
나에게 즐거움을 주는 것이라면 언제나 옳다!

다르다고 이상할 것도 없고
평범하다고 지루할 것도 없다.
누구에게나 평이한 보통의 취향이 있고
조금 기괴한 취향도 있는 법이니.

직장인들이 퇴근 후에 시원한 맥주 마시기를
좋아한다는 걸 TV에서 많이 보았다.
나는 맥주보다는 막걸리를 좋아하고
또 그보다는 따뜻한 도라지즙이나 배즙으로
하루를 마무리하는 것을 좋아한다.

드라마 속에서 맥주 캔을 딱 따고 들이켜는
주인공의 모습이 멋있어 보여서 몇 번 시도는 해 보았지만
여전히 맛이 좋은지 잘 모르겠다.
그들만의 취향은 멋지다고 본다.

영화는 로맨틱 코미디와 히어로즈 액션을 좋아한다.
대중적인 취향이다.
흥행하는 영화는 웬만하면 잘 맞고 재미있다.
토크쇼나 예능 프로그램을 보는 것도 좋아하고
평범한 하루의 산책도 좋아한다.

소비에서 얻는 만족감도 사람마다 다 다르지 않은가?
건담을 모으는 게 행복한 사람도 있고,
네일 아트를 받는 게 행복한 사람도 있다.
맛집에 가서 배불리 먹는 것이 행복한 사람도 있고,
평소에 아껴서 가방과 좋아하는 차를 사는 게
행복한 사람도 있다.

물건보다는 경험치를 사는 것을 더 좋아하여
비싼 물건은 사지 않지만 여행이 더 행복한 사람도 있고,
유기묘와 유기견을 돌보는 게 더 행복한 사람도 있다.

집밖으로 나가는 것이 싫어 집에 머무는 안락함을 즐기고
혼자만의 자유로움을 느끼는 것을 좋아하는 사람도 있고,
밖으로 나가 활동적으로 움직이는 걸 좋아하는 사람도 있다.

나와는 다른 사람을 볼 때
'그렇구나. 나와 달라서 흥미롭고 새로워서 매력 있네.'
정도로 보아주는 넉넉한 마음이 많았으면 좋겠다.
또한 나의 평범함을 탄식하지도 않았으면 한다.
보통의 취향을 잘 파악하는 사람은
대중성에 대한 눈이 뛰어난 법이다.
대중이 공감할 만한 것이 무엇인지 감각적으로 알 수 있다.

결국, 우리는 모두 같고 또 다르다.
존중해 주고 존중받으며 살 수 있기를
간절히 바란다.

자아 성찰

내가 무얼 할 때 보람을 느끼는 사람인지,
'보여지는 나'가 아닌 '진짜 나'로서의 자신이
마음껏 행복한 순간은 언제인지,
의미 있는 일이라 여기는 것은 무엇인지,
끊임없이 물음을 던져야 한다.

세상에서 가장 중요한 공부는 바로 '나에 대한 공부'이다.
나를 아는 과정은 내면의 신비한 우주를 헤엄치는 과정이다.
동시에 세상에 대한 눈을 확장해 가는 과정이기도 하다.
이는 길고도 고독한 길이지만 그래도 끝까지 놓지 않고
살아가며 답을 찾아가야 할 명제이다.

끊임없이 내면의 소리에 집중해 보자.
하릴없는 시간을 보내는 것이 아니다.
세상에서 제일 값진 시간이다.

사춘기 아이 같은 질문을 뒤늦게 하는 것 같아
쑥스럽더라도 괜찮다.
질문하지 않으면 끝끝내 답을 얻을 수 없으므로
하지 못하는 일이 더 불운한 것이다.

거창해 보이려고 노력할 필요도 없다.
전원생활을 하는 것이 멋있어 보인다고 해서
도시적인 것을 선호하는 사람이 시골로 떠날 필요는 없다.
말주변이 없고 말수 적은 사람은 자신이 갖지 못한 걸 가진
유머러스한 친구와 내로라하는 유명 강사가 멋져 보이겠지만
그런 사람이 될 필요는 없다.

내게 있는 것과 없는 것을 받아들임이 필요하다.
좋아 보이는 것과 좋아하는 것은 실로 다르다.
저 사람이 멋있어 보인다고 해서
내가 그걸 했을 때 행복해지는 것은 아니다.

하지만 시도해 보는 것은 언제든 환영이다!
해 보아야 내 것이 아닌 것도 깨달을 수 있기 때문이다.
가만히 앉아 있으면 나를 알 수 없다.
뭐든 다양한 걸 시도해 보며 행할 때

그것을 하는 내가 왠지 멋져 보이는 것 같아서 좋은 건지,
하는 것 자체를 좋아하는 것인지도 들여다볼 필요가 있다.
이상적인 내 모습, 진실로 즐거운 나.
그것을 구분하며 행복의 길을 찾아야 한다.

세상은 '나'를 찾은 사람이
나답게 세상에 보탬이 되기를 기다리고 있다.

마음껏 해 봐

마음속에서 케케묵은 옛꿈.
혹은 희망 사항으로 보내 둔 먼 미래의 이야기.
그것을 오늘 끄집어내도 괜찮아.

과거일 필요도 없고 미래에 둘 필요도 없어.
마음이 가는 것이 있고 늘 머릿속에 따라다닌다면
어디 한번 시작해 봐.
죽이 되든 밥이 되든 끌리는 걸 한번 해 보는 거야.

기타 치며 노래 부르고,
들려오는 음악의 박자에 맞춰 몸을 흔들고,
흰 종이 위에 자유롭게 색칠을 하고,
떠오르는 문장을 마음껏 써 내려가 보는 거야.
찰칵찰칵 신비로운 세상을 카메라에 담아내고,
세상의 또 다른 언어를 배워 가며,
창조하고 싶은 세계를 만들어 보는 거야.

어설플까 봐 부끄러워하지 않아도 돼.

망쳐 버릴까 봐 두려워할 필요도 없어.

시작할 때의 모습은 꽤 귀여워.

서투른 귀여움이 허용되는 시기이니까.

못해도 당연한 거야.

실수해 보며 고쳐 나가도 괜찮아.

배움을 놓는 순간,

세상에 궁금한 것이 없는 순간

정신은 늙어 가기 시작한다.

우뚝 서서 바라는 바를 이루어 가고자 한다면

하늘은 그것을 두 팔 벌려 환영한다.

어린아이처럼 새로운 세상에 호기심을 갖고

배움을 얻자.

마음껏 하자.

행복의 요소

욕망의 덫에 갇히는 순간,
행복이 욕망이라 착각하는 순간,
행복은 깨진 항아리 같은 것이 되었다.
채워도 채워도 끊임없이 부족하고
자꾸만 더 많은 것을 바라게 된다.
내게 꼭 필요한 행복의 요소가 무엇일지 정리해 보는 것은
나의 행복을 지키는 데 보탬이 되었다.

내게 필요한 행복의 요소 5가지는,

첫째, 의식주가 해결되는 현실적 여유이다.
당장 생존이 불가능한 건 위태롭다.
현실에 여유가 없으면 초췌해진다.
아주 큰 부는 아닐지라도 적절한 수입과 지출이
균형적으로 이뤄져야 한다.
자신을 먹이고 입히고 재우며,

적어도 나 하나는 책임질 수 있는 환경을 만드는 것이다.
우선 이것을 지닌 후 다른 요소를 키워 나갈 수 있다.

둘째, 사랑이다.
뭔가를 사랑하는 마음이 전신에 꿈틀댈 때
굉장히 짜릿하고 행복하다.
받는 것보다 주는 것에
행복함을 느끼는 경험은 굉장하다!
그것은 나만의 우상 또는 물건일 수도 있고,
사랑하는 사람이나 반려동물, 나무일 수도 있고,
좋아하는 행위일 수도 있다.

셋째, 건강이다.
신체와 정신의 건강이 조화로울 때
평화로운 버전의 나로 살 수 있다.
의욕적으로 뭔가를 하기 위해서 몸과 정신부터 챙겨야 한다.
적절한 운동, 영양 가득한 음식, 명상과 글쓰기가 도움되었다.

넷째, 희망이다.
눈앞의 현실만을 보는 것이 아니라 마음속에 불이 일렁이며
꿈이라는 희망의 끈을 놓지 않고 사는 것이다.

이것이 없었을 때와 있었을 때의 삶이 많이 달라졌기에
내게 희망은 삶을 좌우하는 요소이다.

다섯째, 몰입이다.
순간순간에 몰입하며 감각을 만끽할 때
카타르시스를 느낄 수 있다.
어린아이가 행복한 이유는
내일의 걱정, 지난 일에 대한 고뇌 없이
그 순간에 몰입하고 집중해서 놀 수 있는
능력을 가졌기 때문이다.
본래 가지고 있던 그 능력을
우리는 살아가면서 잃어버리곤 한다.
그것은 한때 가지고 있던 본능이므로
노력하면 되찾을 수 있다.

이 글을 읽고 계신 누군가에게도
나의 행복의 요소는 무엇일까 곰곰이 생각하여 기록해 놓고,
혹시 행복하지 않은 느낌이 들 때마다
뭔가 놓치고 있는 것은 아닐까
정리해 둔 기록을 보며 종종 점검해 보시길 추천하고 싶다.

평일 저녁

노곤한 일상이 끝난 평일 저녁, 하루를 마무리하는 시간. 충실히 하루를 보냈다고 생각해 본다. 각자 바쁜 하루를 보낸 사랑하는 가족들과 만나 함께 밥을 먹고 강아지 두 마리에게도 밥을 먹인다. 고단함 속의 평온을 느끼며 TV를 틀고 소파 위에 반쯤 누워서 깔깔거린다. 아, 이게 바로 행복이구나!

비바람을 막아 주는 튼튼한 지붕 아래 안전하게 음식을 보관할 수 있는 냉장고와 침대, 옷장, 화장실을 갖추고 살고 있는 지구인은 전 세계에서 25%뿐이다.

당연한 줄 알았던 것이, 평범하다 느꼈던 것이 누군가에겐 특별함일 수 있다는 것을 깨달을 때는 숙연해진다. 미안해진다. 그리고 이 세상을 통해 받은 것이 생각보다 꽤 많다는 것을 알게 된다. 그래서 나도 이 세상에 뭔가 줄 수 있는 사람으로 살아가야만 한다.

물길

물에게는 정해진 길이 없다.
빗물은 시내와 강을 거쳐 바다로 나아가기도 하고,
저 깊숙한 산골짜기 아래에서 약수가 되기도 한다.
공기를 타고 올라 하늘 위의 구름이 되고,
비가 되어 대지의 식물에게 자신의 일부를 내어 주기도 한다.

구름이 되든 바다가 되든
물방울은 잘못된 길을 간 적이 없다.
틀린 물방울은 없다.
그저 돌고 돌아 흐를 뿐이다.

물길과 같이 사람에게도 정해진 길은 없다.
사람도 어떤 때에는 깊숙한 침묵의 시간을 갖는다.
지하수가 토양에 여과되고 자양분을 더해 가듯
자신만의 역량을 다지는 시기를 보낸다.

또는 그저 수증기처럼 날아올라 여기저기 나빌레라.
그러다 자신도 모르게 하얀 구름이 되기도 한다.
때로는 산등성이를 자욱이 휘감고 앉은 안개처럼
묵묵한 시간을 보낼 때도 있다.

어떤 길을 가든 물처럼 순리대로 흘러가면 될 뿐이다.
고인 물은 썩는다.
그러니 좀 더 자유로운 영혼이 될 수 있기를!

삶의 자세는 진중하면서도 가볍게,
담백한 마음으로 자유롭게 살아갈 때 가장 평온하다.
답이 정해지지 않은 물길처럼
자유롭게 나만의 길을 가자.

우울의 늪에서 헤엄치기

살다 보면 우울이라는 깊은 늪에 외로이 빠져들 때가 있다.
너무나 무기력하고 하고 싶은 게 아무것도 없을 때는
정말 그 순간에 원하는 일차원적인 걸 해 보면 도움이 된다.
TV 앞에서 몇 시간을 널브러져 있는다든지
침대와 한 몸이 되어 반나절을 보내 본다든지
그러면 좀이 쑤셔 움직이고 싶어진다.

무기력의 시간이 찾아왔을 때 너무 자책하지 않아도 괜찮다.
어쩌면 그 시간은 삶에서 꼭 필요했던 것이다.
생동감은 무기력의 시간을 보낸 이후에 찾을 수 있다.
무기력이라는 그 이름에 걸맞게
아주 열심히 무능하게 보내야 한다.

그러니 기운 없이 공허한 시간을 보내고 있을지라도
우울에게 진 것이라며 단념하지 말자.

어른이 되는 법

어린이들의 눈망울을 보고 있으면 반짝반짝 빛이 난다. 눈빛에 개구진 마음과 호기심이 한가득 들어 있다. 도움이 필요할 때 "혹시 좀 도와줄 수 있겠니?" 하고 물으면 "네!" 하고 경쾌한 목소리로 대답하며 달려와 돕는다. 그런 아이들을 바라볼 때면 내 영혼도 함께 맑아지는 듯하다.

우리 모두는 어려서 그 눈망울을 지니고 있었다. 세상의 모든 것들이 신기하고 그저 놀라운 순간의 연속이었다. 매일 어린 아이들이 평균 300번 이상을 웃을 때 어른들은 7번을 웃는다. 어린 시절 우리는 행복한 웃음을 매일 발산하며 사람들을 좋아하고 순수의 마음을 주고받았다. 이 재밌는 세상에 던져져 사는 이유 같은 것은 생각하지 않고도 그냥 즐겁게 지낼 수 있는 능력을 갖고 있었다.

그러나 살다 보니 눈앞에 나쁜 것들이 그득해지고 치가 떨리는 때가 생긴다. 사회의 부조리를 보고 악행을 저지르는 사람도 만나게 되고 선의를 해악으로 갚는 사람도 만나게 된다. 그렇게 조금씩 사회의 어두운 면을 알아 가고 때가 묻는다.

세상 모든 것에는 '조화'라는 것이 있다. 좋기만 한 것도 나쁘기만 한 것도 없다. 한 인격체는 선한 마음과 악한 마음을 공존하여 지니고 있으며, 사회의 체계도 좋은 점과 부조리를 동시에 안고 있다. 하물며 내 안에도 악마와 천사가 존재해 치열하게 싸운다.

세상을 살아가다 보면 빛나던 어린 눈망울을 잃게 되는 순간이 반드시 온다. 눈이 흐릿해지고 세상이 미워지는 순간. 그런 때가 오는 것은 당연한 이치이다. 그 순간을 겪지 않고는 어른이 될 수 없다.

다만 어른이 되어 세상의 좋고 나쁜 것들을 모두 알게 된 후, 어떻게 세상을 살아갈지 택하는 것이 중요하다. 그 선택을 통해 당신이 보아온 선과 악의 두 부류 중 한쪽으로 더 치우치는 삶을 살아가게 된다.

나쁜 쪽으로 편승해 자신의 이익만을 추구하고 살며, 경쟁하여 빼앗고, 타인에게 소중한 가치를 무시해 버리는 어른이 될 수도 있다. 타인의 것을 탐하지 않고 내 것도 절대 내어 주지 않는 잿빛 세상을 살 수도 있다.

그러나, 사회의 일원으로서 이 세상을 밝게 만드는 데 앞장설 수도 있다. 좌절한 사람을 일으켜 세울 자존감 높이는 말을 던질 수 있고, 사회 제도를 개선시키는 데 힘을 보탤 수 있다. 공공시설을 소중히 사용하고, 내 것을 베풀 수도 있다.

만약 하얀 세상에 일조하기로 마음먹은 사람들이 늘어난다면 개개인의 자그마한 선행들이 모여 세상은 더욱 밝아질 것이다. 그리고 세상의 부조리와 선함을 모두 알고도 어린 시절의 맑은 눈을 뜨고 살기로 결심했다면, 당신은 자라나는 아이들에게 좋은 인생 선배가 되어 줄 수 있을 것이다.

그 순간을 살기

제이슨 므라즈의 'Living in the Moment'라는 노래를 좋아한다. 살다 보면 자꾸 잊게 되는 것, 지금 이 순간을 살기.

어린 시절 가지고 있던 영특한 재주는 '몰입'이었다. 아이들은 순간에 집중해서 산다. 내일의 걱정, 어제의 후회가 아니라 오직 현재에 집중하는 삶을 산다. 한때는 어린이였던 자신에게 배워야 할 점이다.

과거에 대한 반성도 좋고 미래에 대한 계획과 준비도 필요하지만, 현재를 즐기지 못한다면 행복을 저 먼 곳으로 날려 버리는 꼴이다. 그러면 행복은 영영 오지 않을 것이다.

몰입하는 그 시점이 행복이라는 것을 잊지 말자.

생애 마지막 순간

지는 때가 아름다운 것은 노을뿐만이 아닐 것이다.
사람의 인생도 노을처럼 아름다울 수 있을까.

태양은 자신을 불태워 토양을 따뜻하게 데우고
씨앗을 성장하게 하며
세상 만물에 에너지를 준다.

한 사람의 인생이 태양을 닮을 수만 있다면,
그리고 수많은 해들이
하루하루를 살려 준다면 좋겠다.

먼 훗날
아름답게 지고 싶은 바람이 있다.
그리고 그 밤이 지나면
또 다른 해가 이 세상을 더욱 아름답게 비추어 주었으면.

모든 것이 끝남을 이해하고 받아들일 수 있다면
모든 것은 그 자체로 소중해진다.
유한한 시간의 의미를 안다면
귀하게 여길 것들이 많다.
그리고 끝은 또 다른 것의 시작을 뜻한다.

당신만의 고유한 궤도를 찾아내길 바라며

인생은 바다와 같습니다. 에메랄드 빛으로 묘연히 반짝이다가 어느 날에는 커다란 잿빛 폭풍이 휘몰아치죠. 나이를 먹어도 힘든 일이 찾아오면 아프고 쓰라린 것은 마찬가지더군요. 그러나 그 폭풍이 언젠가는 잠잠해지리라는 것을 알며 내게 주어진 삶을 뚜벅뚜벅 살아가는 것이, 어른의 삶이 어릴 때와는 달라진 점인 것 같습니다.

이 책을 집어 든 순간 어쩌면 당신은 위태로운 시간을 보내고 있을지도 모르겠어요. 아니면 익숙한 삶이 반복되는 평범한 어떤 하루였을까요. 책의 마지막 장을 읽은 후 전보다 정신이 한결 맑아지고 평화로워졌기를 바랍니다!

삶을 살아가며 인연을 통해 많은 가르침을 받고 성장할 수 있었습니다. 글을 기록해 나가며 그 생각이 더욱 확고해졌습니다. 많은 사람과 이 세상의 시스템 덕분에 많이 배우고 커 갈 수 있었습니다.

세상에 홀로 살아가는 사람은 없습니다. 의도하든 하지 않든 계속 도움을 받고 있어요. 책을 세상에 내어 놓고 싶다는 꿈을 이루게 되어 무척 감격스럽습니다. 수많은 훌륭한 책들 가운데에서 '너의 별을 존중할게'를 선택하여 읽어 주신 독자님께 감사드립니다. 덕분에 이 책이 존재의 이유를 갖게 되었어요. 도움을 주신 고마운 분들, 가족들, 친구들, 지식인하우스 출판사에도 감사의 마음을 전하고 싶습니다.

저는 색이 주는 치유의 힘과 문장이 주는 깨달음의 힘을 믿습니다. 여러분이 이 책을 읽는 동안 글과 그림을 통해 마음에 위안을 받으셨기를, 도움이 될 만한 작고 멋진 생각을 얻으셨기를 바랍니다. 마지막으로 부디 자신을 믿고 세상에서 제일 사랑하는 사람을 대하듯 아껴 주세요.

당신의 별과 인생에 건승을 빕니다!

너의 별을 존중할게

삶의 이정표가 되어 줄 말과 그림

초판 1쇄 인쇄 2019년 7월 15일
초판 1쇄 발행 2019년 7월 25일

지은이 박규현
펴낸이 안종남

펴낸 곳 지식인하우스
출판등록 2011년 3월 31일 제 2011-000058호
주소 04035 서울시 마포구 양화로7길 55(서교동) 신양빌딩 201호
전화 02)6082-1070
팩스 02)6082-1035
전자우편 book@jsinbook.com
블로그 blog.naver.com/jsinbook
인스타그램 @jsinbook

ISBN 979-11-85959-85-6 03180